KB055634

초간단 토익

기초 어휘 독해

필터로 가리고 스스로
독해를 해보세요.
이 빨간색 필터를 가위 등으로
오려서 해석을 가려 보세요.
빨간 글씨는 안 보이고
검은 글씨만 보이므로
스스로 직독직해를 잘 했는지
확인해 보실 수 있습니다.

초간단 시리즈 2

초간단 토익 기초 어휘 독해

초판 1쇄 인쇄 2020년 3월 5일
초판 1쇄 발행 2020년 3월 10일

지은이 | Mr. 슈퍼 심플 토익
펴낸이 | 강인구
펴낸곳 | 누림북스
등 록 | 제2014-000144호
주 소 | 서울시 마포구 양화로 78, 502호(서교동, 서교빌딩)
전 화 | 02-3144-3500
팩 스 | 02-6008-5712
이메일 | cdgn@daum.net
디자인 | 참디자인

ISBN 979-11-954647-5-3 (13740)

* 책 값은 뒷표지에 있습니다.
* 잘못된 책은 교환하여 드립니다.

영어 문장, 차례차례 덩어리로 해석하라!

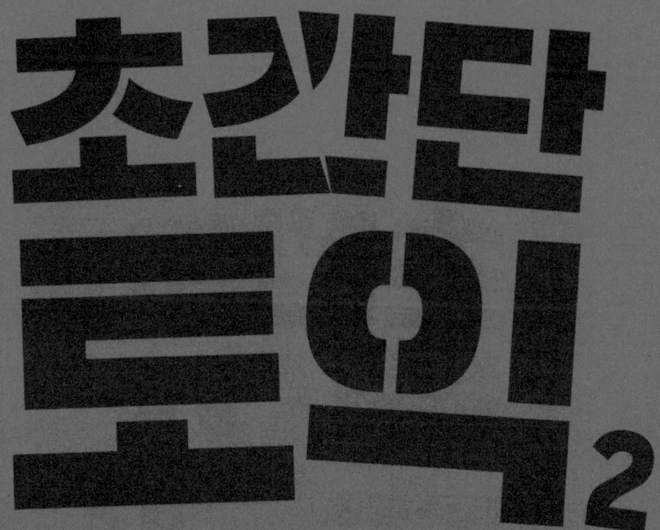

Mr. 슈퍼 심플 토익 지음

누림북스

초간단 토익 2

목차 Contents

일러두기 Notice

Q. **수평배열 독해**와 **수직배열 독해**가 왜 조금씩 다른가요?

〓 수평배열 독해는 문장을 최소한의 의미 덩어리별로 차례차례 끊어가면서, **영어식 사고구조로 직역**을 했습니다.

‖ 수직배열 독해는 의미를 이루는 문장의 덩어리 단위를 조금 더 크게 묶어, **더 자연스러운 한국말 해석**을 적용했습니다.

Q : 저는 **해석**이 잘 안 돼요,
어떻게 하면 좋죠?

A : **의미 덩어리별**로 뒤에
나올 말들을 연상하면서,
차례차례 해석하는 연습을 하세요.

The classes are scheduled for the first Monday of each month from 7:00 P.M. to 9:00 P.M. and will be held at the convention center at 376 Polly Street.

수평 배열 독해

The classes are scheduled 수업들이 일정이 잡혀 있다 **for the first Monday** 첫 월요일로 **of each month** 각각의 달의 **from 7:00 P.M. to 9:00 P.M.** 저녁 7시에서 9시까지 **and will be held** 그리고 열릴 것이다 **at the convention center** 컨벤션 센터에서 **at 376 Polly Street** 376 폴리 거리에 있는

수직 배열 독해

The classes are scheduled	수업들이 일정이 잡혀 있다
for the first Monday	첫 월요일로
of each month from	각각의 달의
7:00 P.M. to 9:00 P.M.	저녁 7시에서 9시까지
and will be held	그리고 열릴 것이다
at the convention center	컨벤션 센터에서
at 376 Polly Street.	376 폴리 거리에 있는

1 '단어' 이해력

단어의 소리를 듣고 또는 글자를 보고, 이미지나 상황을 떠올릴 수 있는 능력

[reimburse]

위의 있는 단어를 보면 어떤 느낌이 떠오르는가? 단어를 이해한다는 것은 단순히 한국말 뜻으로 번역하는 과정이 아니라 이미지나 느낌이 떠올라야 한다는 것을 의미한다. 특히 어느 상황으로 토익 시험에 잘 나오는지 또 어떤 단어들과 잘 어울려서 쓰이는지 미리 알고 있어야 한다. 위의 단어 'reimburse'를 영영사전에서 찾아보면 다음과 같이 정의되어 있다.

*** reimburse**

If you reimburse someone for something, you pay them back the money that they have spent or lost because of it.

우리나라 말로는 '변제하다, 상환하다, 환급하다'이고 더 쉽게 풀어 쓰면 '돈을 다시 돌려주다'라고 풀어 쓸 수 있다.

2 '문장' 파악력

문장의 각 단어가 배열되는 원리를 알고, 순차적으로 의미를 파악할 수 있는 능력

Employees(❶) wishing(❷) to be reimbursed(❸) for business travel expenses(❹) should submit(❺) their receipts(❻) to the accounting department.(❼)

❶ Employees

직원들

→ 영어는 주어로 시작한다. 주어가 될 수 있는 명사 employees가 나왔으므로 주격조사 '~은'을 붙여 해석하고 뒤에 동사를 기다린다.

❷ Employees wishing

직원들 (어떤?) 원하는

→ 주어 바로 다음에 동사를 기대했지만 현재분사 wishing이 나왔다. 현재분사도 형용사이기 때문에 '~하는'의 의미로 앞의 명사를 꾸며 준다.

❸ Employees wishing to be reimbursed

직원들 (어떤?) 원하는 (뭘?) 상환 받는 것을

→ 타동사 wish는 to부정사를 목적어로 취하는 동사이다. 'to be reimbursed'를 하나의 덩어리 목적어로 취급하여 해석한다. reimburse는 '돈을 다시 돌려주다', 즉 '상환하다'라는 뜻이다. 하지만 수동태로 쓰였기 때문에 '상환 받다'의 수동적인 의미로 해석해야 한다.

❹ **Employees wishing to be reimbursed for business travel expenses**
직원들 (어떤?) 원하는 (뭘?) 상환 받는 것을 (뭘?) 출장 경비들에 대한

→ 주어 다음에 현재분사 덩어리가 나오고 나서 동사를 기대했다. 하지만 기다리던 동사는 나오지 않고 전치사구 'for business travel expenses'가 나와 무엇에 대해 상환받는지 부연 설명을 해 주고 있다.

❺ **Employees wishing to be reimbursed for business travel expenses**
직원들 (어떤?) 원하는 (뭘?) 상환 받는 것을 (뭘?) 출장 경비들에 대한

should submit
제출해야 한다.

→ 드디어 우리가 기다리던 동사 should submit가 나왔다. submit는 타동사이기 때문에 뒤에 목적어가 나올 것을 기대한다.

❻ **Employees wishing to be reimbursed for business travel expenses**
직원들 (어떤?) 원하는 (뭘?) 상환 받는 것을 (뭘?) 출장 경비들에 대한

should submit their receipts
제출해야 한다. (뭘?) 그들의 영수증들을

→ submit의 목적어 their receipts가 나왔다.

❼ **Employees wishing to be reimbursed for business travel expenses**
직원들 (어떤?) 원하는 (뭘?) 상환 받는 것을 (뭘?) 출장 경비들에 대한

should submit their receipts to the accounting department.
제출해야 한다. (뭘?) 그들의 영수증들을 (어디로?) 회계 부서로.

→ submit 동사는 '제출하다'라는 뜻으로 당연히 어디로 제출하는지에 대한 부연 설명이 필요하다. 방향과 이동을 의미하는 전치사 to를 쓰고 도착 장소인 '회계 부서'가 나와서 주어와 동사가 멀리 떨어진 한 문장이 완성되었다.

3 '문제' 해결력

문제를 보자마자 무슨 유형인지 파악하고, 빠르게 정답을 고를 수 있는 해결 능력

Employees wishing to be ____________ for business travel expenses should submit their receipts to the accounting department.

(A) exchanged
(B) spent
(C) notified
(D) reimbursed

Employees wishing to be reimbursed	상환받기를 원하는 직원들
for business travel expenses	출장 경비에 대해서
should submit their receipts	영수증을 제출해야 한다
to the accounting department.	회계 부서로

위와 같은 방식으로 의미 덩어리별로 이미지와 상황을 떠올리면서 빠르게 이해할 수 있어야 한다. '출장(business trip)에 대한 여행 경비(expense)를 환급(reimbursement) 받으려면 영수증(receipt)을 회계 부서(accounting)로 제출해야 경비 지급(payment)이 이뤄진다'는 스토리가 토익에 자주 출제되고 있다. 따라서 정답은 (D) reimbursed이다.

DAY 1

001

_____________ for the position of Health Inspector should have at least 5 years of experience in the related field.

(A) Applications
(B) Applying
(C) Applicants
(D) Applies

출제 포인트

'지원자' applicant와 '지원서' application의 의미 차이를 묻는 문제가 출제된다. 정확한 해석을 통해 '사람 명'사와 '사물 명사'를 구분할 수 있어야 한다. 정답 (C)

수평배열 독해

Applicants 지원자들 (어떤?) **for the position of Health Inspector** 보건 조사관의 직책에 대한 지원자들은 **should have** 가지고 있어야 한다 (뭘?) **at least 5 years of experience** 적어도 5년의 경험을 **in the related field** 관련된 분야에서.

수직배열 독해

Applicants for the position of Health Inspector	보건 조사관 직책의 지원자들은
should have at least 5 years of experience	적어도 5년의 경험이 있어야 한다
in the related field.	관련된 분야에서

002

Kent Pharmaceutical Corporation is pleased to announce that all of its workers are __________ for membership at the nearby health club.

(A) permissible
(B) allowable
(C) dependable
(D) eligible

▣ 출제 포인트

'자격이 있는' eligible은 전치사 for나 to부정사와 함께 어울려 쓰인다. 비슷한 의미이지만 용법이 다른 'be entitled to'도 함께 알아두자. 정답 (D)

═ 수평배열 독해

Kent Pharmaceutical Corporation 켄트 제약 기업은 **is pleased to announce that** 알리게 되어서 기쁘다 (뭘?) **all of its workers are eligible** 모든 직원들이 자격이 있다는 것을 **for membership** 회원자격에 대해 **at the nearby health club** 근처의 헬스클럽에서.

‖ 수직배열 독해

Kent Pharmaceutical Corporation	켄트 제약 기업은
is pleased to announce that	알리게 되어서 기쁘다
all of its workers are eligible for membership	모든 직원들이 회원자격이 있다
at the nearby health club.	근처의 헬스클럽에서

003

Korean Air is seeking an experienced air-traffic controller for long-term ________.

(A) employer
(B) employed
(C) employs
(D) employment

▣ 출제 포인트

'고용주' employer와 '고용' employment의 의미 차이를 묻는 문제가 출제된다. 사람명사와 사물명사의 의미 차이를 구분할 수 있어야 한다. 정답 (D)

☰ 수평배열 독해

Korean Air is seeking 대한 항공은 찾고 있다 (뭘?) **an experienced air-traffic controller** 경험이 있는 항공 관제사를 **for long-term employment** 장기간의 고용을 위한.

‖ 수직배열 독해

Korean Air is seeking	대한 항공은 찾고 있다
an experienced air-traffic controller	경력 있는 항공 관제사를
for long-term employment.	장기간의 고용을 위한

004

We have received a large number of applications from __________ qualified applicants, and it was impossible to offer every candidate a chance to be interviewed.

(A) acutely
(B) severely
(C) highly
(D) blandly

▣ 출제 포인트

highly는 정도를 강조하는 very와 같은 뜻이며 highly qualified '매우 자격을 갖춘'과 같은 덩어리 표현으로 출제된다. 정답 (C)

☰ 수평배열 독해

We have received 우리는 받았다 (뭘?) **a large number of applications** 매우 많은 수의 지원서들을 **from highly qualified applicants,** 매우 자격을 갖춘 지원자들로부터 **and it was impossible** 그래서 그것은 불가능했다 (그게 뭔데?) **to offer every candidate a chance** 모든 지원자에게 기회를 제공하는 것이 **to be interviewed** 인터뷰 받을 수 있는.

수직배열 독해

We have received	우리는 받았다
a large number of applications	매우 많은 지원서를
from highly qualified applicants,	매우 자격 있는 지원자들로부터
and it was impossible	그래서 불가능했다
to offer every candidate a chance	모든 지원자에게 기회를 주는 것이
to be interviewed.	인터뷰 받을 수 있는

005

Because of his academic background, Mr. Lee chose advertising as his ____________.

(A) occupation
(B) occupying
(C) occupant
(D) occupancy

▣ 출제 포인트

'직업' occupation과 '점유자' occupant의 뜻을 구별하는 문제로 출제된다. 정답 (A)

수평배열 독해

Because of his academic background, 왜냐하면 그의 학문적인 배경 때문에 **Mr. Lee chose advertising** 미스터리는 광고를 선택했다 **as his occupation** 그의 직업으로써.

수직배열 독해

Because of his academic background,	왜냐하면 그의 학력 때문에
Mr. Lee chose advertising	미스터리는 광고를 선택했다
as his occupation.	그의 직업으로

006

The Seoul branch has job ________ in the marketing department that need to be filled right away.

(A) open
(B) opens
(C) opened
(D) openings

출제 포인트

opening은 '공석/결원, 개장/개시'라는 두 가지 의미를 가지고 있다. opening이 '공석/결원'이라는 의미일 때는 셀 수 있는 가산명사라는 점에 유의해야 한다. 따라서 부정관사 an을 쓰거나 복수형태 openings로 써야 한다. 정답 (D)

수평배열 독해

The Seoul branch has job openings 서울 지사는 공석들을 가지고 있다 **in the marketing department** 마케팅 부서에 **that need to be filled** 채워질 필요가 있는 **right away** 지금 당장.

수직배열 독해

The Seoul branch has job openings	서울 지사는 공석이 있다
in the marketing department	마케팅 부서에
that need to be filled	충원될 필요가 있는
right away.	지금 당장

007

Employees have to sign in before starting each shift; ____________, hours worked may not be accurately reflected in the next paychecks.

(A) otherwise
(B) therefore
(C) moreover
(D) additionally

▣ 출제 포인트

(A) otherwise 그렇지 않으면 (B) therefore 그러므로 (C) moreover 게다가 (D) additionally 게다가. 접속부사의 정확한 의미를 알아야 한다. **정답 (A)**

〓 수평배열 독해

Employees have to sign in 직원들은 서명하고 들어가야 한다 **before starting each shift;** 각자의 근무교대를 시작하기 전에 **otherwise,** 그렇지 않으면 **hours worked** 일한 시간들이 **may not be accurately reflected** 정확하게 반영되지 않을 수도 있다 **in the next paychecks** 다음 급료에.

Ⅱ 수직배열 독해

Employees have to sign in	직원들은 서명하고 들어가야 한다
before starting each shift;	각자의 근무교대를 시작하기 전에
otherwise,	그렇지 않으면
hours worked may not be accurately reflected	근로 시간이 정확히 반영되지 않을 수 있다
in the next paychecks.	다음 급료에

008

Although we received thousands of impressive resumes, we have chosen just five ______________ to interview for the position of technology supervisor.

(A) selections
(B) candidates
(C) searches
(D) considerations

▣ 출제 포인트

candidate는 '후보자, 지원자'라는 의미로 'qualified 자격을 갖춘, suitable 적합한, ideal 이상적인, successful 최종 합격한'과 같은 형용사와 어울려 출제된다.

정답 (B)

〓 수평배열 독해

Although we received 비록 우리가 받았음에도 불구하고 (뭘?) **thousands of impressive resumes,** 수천 개의 인상적인 이력서들을 **we have chosen** 우리는 선택했다 (뭘?) **just five candidates** 단지 다섯 명의 지원자들을 **to interview** 인터뷰할 **for the position of marketing supervisor** 마케팅 관리자의 자리에 대해.

ǁ 수직배열 독해

Although we received	비록 우리가 받았지만
thousands of impressive resumes,	수천 통의 인상적인 이력서를
we have chosen just five candidates	우리는 단지 다섯 지원자를 선택했다
to interview for the position of marketing supervisor.	마케팅 관리자 직책에 인터뷰할

009

It is my pleasure to write this letter of __________ for Mr. Lee, who has been an employee in my office for the past six years.

(A) information
(B) observance
(C) compensation
(D) reference

▣ 출제 포인트

reference는 '추천서' 또는 '참고'라는 뜻으로 reference letter '추천서'와 for your reference '당신이 참조할 수 있도록'의 덩어리 표현으로 출제된다. 정답 (D)

☰ 수평배열 독해

It is my pleasure 그것은 나의 기쁨입니다 (그게 뭔데?) **to write this letter of reference** 이 추천서를 쓰는 것이 **for Mr. Lee,** 미스터리를 위해서 **who has been an employee** 그는 직원이였습니다 **in my office** 내 사무실에서 **for the past six years** 지난 6년 동안.

ǁ 수직배열 독해

It is my pleasure	그것은 나의 기쁨입니다
to write this letter of reference	이 추천서를 쓰는 것이
for Mr. Lee,	미스터리를 위해서
who has been an employee	그는 직원이였습니다
in my office	내 사무실에서
for the past six years.	지난 6년 동안

010

The Wonder Resorts is located on a lake and has direct ____________ to a small beach, where guests can swim and fish.

(A) track
(B) access
(C) approach
(D) permit

출제 포인트

access는 '접근, 접근하다'라는 뜻으로 '셀 수 없는 명사'라는 사실이 중요하다. access가 명사로 쓰일 경우 전치사 to를 동반한다. 하지만 동사로 쓰일 경우 전치사 to가 나올 수 없는 타동사라는 것을 꼭 기억하자. have access to '~에 접근 권한을 가지고 있다'의 덩어리 표현으로 자주 출제된다. 참고로 같은 의미인 approach는 '셀 수 있는 명사'이므로 관사 an을 써주어야 한다. 정답 (B)

수평배열 독해

The Wonder Resorts is located 원더 리조트는 위치해 있다 **on a lake** 호숫가에 **and has direct access** 그래서 직접 접근할 수 있다 **to a small beach,** 작은 해변에 **where guests can swim and fish** 거기서 손님들이 수영과 낚시를 할 수 있다.

수직배열 독해

The Wonder Resorts is located on a lake	원더 리조트는 호숫가에 위치해 있다
and has direct access to a small beach,	그래서 작은 해변에 직접 접근할 수 있다
where guests can swim and fish.	거기서 손님들이 수영과 낚시를 할 수 있다

DAY 01
Daily Checkup

step 1 영어표현을 보고 한국말 뜻을 떠올리기

001	applicants for the position	그 직책에 대한 지원자들
002	eligible for membership	회원이 될 자격이 있는
003	long-term employment	장기간의 고용
004	highly qualified	매우 자격을 갖춘
005	as his occupation	그의 직업으로써
006	job openings	공석
007	otherwise	그렇지 않으면
008	candidate	지원자, 후보자
009	reference letter	추천서
010	have access to	~에 접근할 수 있다

step 2 한국말 뜻을 보고 영어표현을 떠올리기

001	그 직책에 대한 지원자들	applicants for the position
002	회원이 될 자격이 있는	eligible for membership
003	장기간의 고용	long-term employment
004	매우 자격을 갖춘	highly qualified
005	그의 직업으로써	as his occupation
006	공석	job openings
007	그렇지 않으면	otherwise
008	지원자, 후보자	candidate
009	추천서	reference letter
010	~에 접근할 수 있다	have access to

DAY 2

011

Some candidates were so highly ________ that it was very hard to choose from them.

(A) restrictive
(B) qualified
(C) designed
(D) intricate

▣ 출제 포인트

qualified는 '자격이 있는, 적격의'라는 뜻으로 qualified applicant '자격을 갖춘 지원자' 또는 be qualified for '~에 자격을 갖추다'의 덩어리 표현으로 출제된다.

정답 (B)

수평배열 독해

Some candidates 몇몇 지원자들이 **were so highly qualified** 너무 매우 자격을 갖춘 상태였다 **that it was very hard** 그래서 그것은 매우 힘들었다 (그게 뭔데?) **to choose** 선택하는 것이 **from them** 그들 중에서.

수직배열 독해

Some candidates were so highly qualified	몇몇 지원자들이 너무 자격을 갖췄다
that it was very hard	그래서 매우 힘들었다
to choose from them.	그들 중에서 선택하는 것이

012

M. Lee was transferred to New York branch ______________ with his wishes.

(A) according to
(B) depending on
(C) in compliance
(D) in accordance

▣ 출제 포인트

'일치, 조화'를 의미하는 accordance는 '~에 따라서' in accordance with의 형태로 출제된다. 반면에 according to는 '~에 따르면' 뜻으로 전치사에 주의해서 함께 알아두어야 한다. 정답 (D)

수평배열 독해

Mr. Lee was transferred 미스터리는 전근 갔다 **to New York branch** 뉴욕 지사로 **in accordance with his wishes** 그의 바람에 따라.

수직배열 독해

Mr. Lee was transferred	미스터리는 전근 갔다
to New York branch	뉴욕 지사로
in accordance with his wishes.	그의 바람에 따라

013

Helmets must be worn at the construction site ________ all times.

(A) by
(B) of
(C) on
(D) at

▣ 출제 포인트

at all times '항상' 덩어리 표현으로 출제된다. 토익 시험에 자주 출제되는 표현들을 덩어리로 암기하자. 정답 (D)

수평배열 독해

Helmets must be worn 헬멧들은 반드시 착용 되어야 한다 **at the construction site** 공사 현장에서 **at all times** 항상.

수직배열 독해

Helmets must be worn	헬멧이 착용 되어야 한다
at the construction site	건설 현장에서
at all times.	항상

014

If you should have a problem with this product, please take it to any ________ service center for prompt repair.

(A) limited
(B) sufficient
(C) authorized
(D) permissive

출제 포인트

'권한을 부여하다' authorize는 authorized service center '인가받은 공인된 서비스 센터' 덩어리 표현으로 출제된다. 참고로 authority '권한, 당국'과 written authorization '서면 허가'도 함께 알아두자. 정답 (C)

수평배열 독해

If you should have a problem 만약 여러분이 혹시 문제를 가지고 있다면 **with this product,** 이 제품에 대해서 **please take it** 그것을 가지고 가세요 **to any authorized service center** 인가받은 서비스 센터로 **for prompt repair** 신속한 수리를 위해서.

수직배열 독해

If you should have a problem	만약 문제가 있으면
with this product,	이 제품에
please take it	가지고 가세요
to any authorized service center	공인된 서비스 센터로
for prompt repair.	신속한 수리를 위해

015

All employees using the Internet at work must ________ with the company regulations.

(A) adhere
(B) comply
(C) observe
(D) obey

▣ 출제 포인트

'따르다, 준수하다'의 comply는 전치사 with를 항상 동반하고 보통 규칙이나 법률 등의 명사가 뒤에 나온다. 같은 표현 'in compliance with'도 함께 알아두자. 정답 (B)

수평배열 독해

All employees 모든 직원들 (어떤?) **using the Internet** 인터넷을 사용하는 **at work** 직장에서 **must comply with** 반드시 준수해야 한다 (뭘?) **the company regulations** 회사 규정들을.

수직배열 독해

All employees using the Internet at work	직장에서 인터넷을 사용하는 모든 직원들은
must comply with the company regulations.	반드시 회사 규정들을 따라야 한다

016

All reports must be submitted by e-mail and no ____________ can be made to this rule.

(A) permissions
(B) ejections
(C) prohibitions
(D) exceptions

▣ 출제 포인트

make no exceptions '예외를 두지 않다'라는 표현과 with the exception of '~을 제외하고' 덩어리 표현으로 출제된다. 정답 (D)

☰ 수평배열 독해

All reports must be submitted 모든 보고서들은 반드시 제출되어야 한다 **by e-mail** 이메일로 **and no exceptions can be made** 그리고 어떤 예외도 있을 수 없다 **to this rule** 이 규칙에.

▥ 수직배열 독해

All reports must be submitted	모든 보고서들은 제출되어야 한다
by e-mail	이메일로
and no exception can be made	그리고 어떤 예외도 있을 수 없다
to this rule.	이 규칙에

017

To open a bank account, you will need to provide two ______________ of identification.

(A) prints
(B) terms
(C) forms
(D) marks

출제 포인트

'유형, 양식'을 의미하는 form은 주로 다른 명사와 결합한 복합명사 형태로 출제된다. two forms of identification '두 가지 유형의 신분증' 덩어리 표현을 암기하자. 정답 (C)

수평배열 독해

To open 열기 위해서 (뭘?) **a bank account,** 은행 계좌를 **you will need to provide** 당신은 제공할 필요가 있습니다 (뭘?) **two forms of identification** 두 가지 유형의 신분증을.

수직배열 독해

To open a bank account,	은행 계좌를 개설하기 위해서
you will need to provide	귀하는 제공할 필요가 있습니다
two forms of identification.	두 가지 유형의 신분증을

018

In order to accommodate the dramatic increase in traffic, a new bridge is needed ___________.

(A) professionally
(B) immediately
(C) easily
(D) broadly

▣ 출제 포인트

'즉시, 곧' immediately는 immediately after '~직후'나 immediately upon arrival '도착 즉시' 또는 effective immediately '즉시 효력이 있는' 같은 표현과 어울려 자주 출제된다. 정답 (B)

☰ 수평배열 독해

In order to accommodate 수용하기 위해서 (뭘?) **the dramatic increase** 급격한 증가를 **in traffic,** 교통량에 있어서 **a new bridge is needed** 새로운 다리가 필요된다 **immediately** 즉시.

||| 수직배열 독해

In order to accommodate	수용하기 위해서
the dramatic increase in traffic,	교통량의 급격한 증가를
a new bridge is needed immediately.	새로운 다리가 즉시 필요하다

019

All government banks will be closed on Monday in ________ of Independence Day.

(A) observe
(B) observatory
(C) observance
(D) observably

▣ 출제 포인트

동사 observe는 ① 관찰하다 ② 준수하다 두 가지 뜻이 있다. observatory는 '관측소'라는 뜻이고, observation은 '관측'이라는 뜻의 명사이다. observance는 '준수, 기념'이라는 뜻의 명사이다. in observance of '~을 기념하여' 형태의 덩어리 표현이 출제된다. 정답 (C)

수평배열 독해

All government banks will be closed 모든 정부 은행들이 문을 닫을 것이다 **on Monday** 월요일에 **in observance of Independence Day** 독립기념일을 준수하여.

수직배열 독해

All government banks will be closed	모든 정부 은행이 문을 닫을 것이다
on Monday	월요일에
in observance of Independence Day.	독립기념일을 기념하여

020

Access to customer information is ____________ to authorized personnel only.

(A) bound
(B) sure
(C) restricted
(D) destined

▣ 출제 포인트

'한정하다, 제한하다' restrict는 이용 권한 등을 일정 범위의 대상으로 한정할 때 사용하는 단어이다. 특히 수동태 'be restricted to'의 형태로 자주 출제된다. '제한' restriction 명사도 함께 알아두자. 정답 (C)

〓 수평배열 독해

Access 접근 (어떤?) **to customer information** 고객 정보에 대한 접근은 **is restricted** 한정된다 **to authorized personnel** 인가받은 직원들에게만 **only** 오직.

||| 수직배열 독해

Access to customer information	고객 정보에 대한 접근은
is restricted	한정된다
to authorized personnel only.	오직 인가받은 직원들에게만

DAY 02
Daily Checkup

step 1 영어표현을 보고 한국말 뜻을 떠올리기

011	highly qualified	매우 자격을 갖춘
012	in accordance with his wishes	그의 바람에 따라
013	at all times	항상
014	authorized service center	공인된 서비스 센터
015	comply with the regulations	규정들을 따르다
016	no exceptions can be made	어떤 예외도 있을 수 없다
017	two forms of identification	두 가지 유형의 신분증
018	immediately	즉시
019	in observance of Independence Day	독립기념일을 기념하여
020	restricted to authorized personnel	인가받은 직원들에게만 한정된

step 2 한국말 뜻을 보고 영어표현을 떠올리기

011	매우 자격을 갖춘	highly qualified
012	그의 바람에 따라	in accordance with his wishes
013	항상	at all times
014	공인된 서비스 센터	authorized service center
015	규정들을 따르다	comply with the regulations
016	어떤 예외도 있을 수 없다	no exceptions can be made
017	두 가지 유형의 신분증	two forms of identification
018	즉시	immediately
019	독립기념일을 기념하여	in observance of Independence Day
020	인가받은 직원들에게만 한정된	restricted to authorized personnel

DAY

021

Students with excellent ________ records will receive certificates of commendation.

(A) attend
(B) attended
(C) attendant
(D) attendance

▣ 출제 포인트

'참석, 출석' attendance는 복합명사 attendance records '출석 기록'의 표현으로 출제된다. '참석하다' attend에 –ee를 붙여 attendee가 되면 '참석자'라는 사람명사가 되고, –ant를 붙여 attendant가 되면 '안내원'이라는 뜻의 사람명사가 된다. 정답 (D)

수평배열 독해

Students 학생들 (어떤?) **with excellent attendance records** 훌륭한 출석 기록을 가지고 있는 학생들은 **will receive** 받을 것이다 (뭘?) **certificates of commendation** 표창장을.

수직배열 독해

Students with excellent attendance records	출석 기록이 좋은 학생들은
will receive certificates of commendation.	표창장을 받을 것이다

022

The computers in the public area should be regularly checked ____________ viruses to avoid a failure in its system.

(A) about
(B) to
(C) of
(D) for

▣ 출제 포인트

'검사하다, 확인하다' check는 주로 'check A for B' 형태로 출제된다. 전치사 for 다음에는 검사하는 목적이 나온다. 정답 (D)

수평배열 독해

The computers 그 컴퓨터들 (어떤?) **in the public area** 공공장소에 있는 컴퓨터들은 **should be regularly checked** 정기적으로 점검되어야 한다 **for viruses** 바이러스를 위해서 **to avoid a failure** 고장을 피하기 위해 **in its system** 그 시스템에.

수직배열 독해

The computers in the public area	공공장소에 있는 컴퓨터들은
should be regularly checked for viruses	정기적으로 바이러스 점검이 되어야 한다
to avoid a failure in its system.	시스템 고장을 막기 위해서

023

Mr. Lee's success was his ability to ____________ responsibilities to others that have greater expertise than he does in certain areas.

(A) encourage
(B) share
(C) address
(D) delegate

▣ 출제 포인트

delegate는 '위임하다'라는 뜻으로 'delegate A to B'의 형태로 자주 출제된다. 명사로는 '대표자'를 의미하는 사람 명사이다. 집합적인 '대표단'을 의미하는 delegation과 혼동하지 않도록 하자. **정답 (D)**

☰ 수평배열 독해

Mr. Lee's success was his ability 미스터리의 성공은 그의 능력이었다 **to delegate responsibilities** 책임들을 위임할 수 있는 **to others** 다른 사람들에게 **that have greater expertise** 더 엄청난 전문지식을 가진 **than he does** 그가 가진 것 보다 **in certain areas** 특정한 분야들에서.

▥ 수직배열 독해

Mr. Lee's success was his ability	미스터리의 성공은 능력이었다
to delegate responsibilities to others	책임을 다른 사람들에게 위임할 수 있는
that have greater expertise	더 엄청난 전문지식을 가진
than he does in certain areas.	특정 분야에서 그가 가진 것 보다

024

Reporters should forward inquiries about the merger ____________ to our general manager.

(A) directly
(B) exactly
(C) easily
(D) uniquely

출제 포인트

directly는 어떤 대상을 거치지 않고 '곧바로 직접' 처리되는 것을 의미한다. 주로 동사 send '보내다'와 report '보고하다' 또는 reflect '반영하다' 같은 동사와 어울려 자주 출제된다. 정답 (A)

수평배열 독해

Reporters should forward inquiries 기자들은 문의들을 보내야 한다 **about the merger** 그 합병에 대한 **directly** 직접 **to our general manager** 우리의 총 매니저에게.

수직배열 독해

Reporters should forward inquiries	기자들은 문의들을 보내야 한다
about the merger	합병에 대해서
directly to our general manager.	직접 우리의 총 매니저에게

025

SM Motors has expressed an interest in acquiring the automobile __________ of SUN Corporation.

(A) category
(B) addition
(C) division
(D) faction

출제 포인트

divide '나누다'의 명사형 division은 여러 의미가 있지만 토익에서는 주로 '회사의 부서'를 나타낼 때 쓰인다. 정답 (C)

수평배열 독해

SM Motors has expressed 에스엠 모터스사는 표현했다 (뭘?) **an interest** 관심을 **in acquiring** 인수 하는데 있어서 (뭘?) **the automobile division** 자동차 부서를 **of SUN Corporation** 썬 기업의.

수직배열 독해

SM Motors has expressed an interest	에스엠 모터스는 관심을 표현했다
in acquiring the automobile division of SUN Corporation.	썬 기업의 자동차 부서를 인수하는데

026

The existing treatment facility enables us to process waste water as __________ as possible.

(A) most efficient
(B) efficiency
(C) efficient
(D) efficiently

출제 포인트

'as __________ as' 사이에 빈칸이 있을 때 형용사나 부사가 들어갈 수 있다. 빈칸 앞에 일반 동사 process가 있기 때문에 빈칸은 '부사' 자리이다. 정답 (D)

수평배열 독해

The existing treatment facility 그 기존의 처리 시설은 **enables us** 우리를 할 수 있게 만든다 **to process waste water** 폐수를 처리할 수 있도록 **as efficiently as possible** 가능한 효율적으로.

수직배열 독해

The existing treatment facility	기존의 처리 시설은
enables us to process waste water	우리가 폐수를 처리할 수 있도록 만든다
as efficiently as possible.	가능한 효율적으로

027

Proposals to change the company regulations should be submitted _______ writing to the president.

(A) of
(B) on
(C) at
(D) in

▣ 출제 포인트

in writing '서면으로' 덩어리 표현을 암기하자. **정답 (D)**

☰ 수평배열 독해

Proposals 제안들 (어떤?) **to change the company regulations** 회사 규정들을 변경하기 위한 제안들은 **should be submitted** 제출되어야 한다 **in writing** 서면으로 **to the president** 사장님에게.

||| 수직배열 독해

Proposals to change the company regulations	회사 규정들을 변경하기 위한 제안들은
should be submitted in writing	서면으로 제출되어야 한다
to the president.	사장님에게

028

Employees must ________ their immediate supervisors in writing at least one week before using vacation time.

(A) notify
(B) announce
(C) forward
(D) arrange

▣ 출제 포인트

'통보하다, 알리다'라는 뜻을 가진 notify는 뒤에 사람 명사가 바로 나온다. 반면에 '발표하다, 알리다'라는 뜻을 가진 announce는 사람 명사 앞에 전치사 to가 나와야 한다. 정답 (A)

〓 수평배열 독해

Employees must notify 직원들은 반드시 통보해야 한다 **their immediate supervisors** 그들의 직속 상관들에게 **in writing** 서면으로 **at least one week** 적어도 일주일 **before using vacation time** 휴가 시간을 사용하기 전에.

Ⅱ 수직배열 독해

Employees must notify	직원들은 통보해야 한다
their immediate supervisors	그들의 직속 상관에게
in writing	서면으로
at least one week	적어도 일주일
before using vacation time.	휴가를 사용하기 전에

029

If we cannot deliver your merchandise by a specific date, the order can be cancelled __________ request.

(A) in
(B) under
(C) upon
(D) at

출제 포인트

request는 ① request for '~에 대한 요청' ② upon request '요청 시에' ③ be requested to+동사원형 '~하도록 요청받다'의 형태로 출제된다. 정답 (C)

수평배열 독해

If we cannot deliver 만약 우리가 배달할 수 없다면 (뭘?) **your merchandise** 당신의 상품을 **by a specific date,** 특정한 날짜까지 **the order can be cancelled** 주문은 취소될 수 있습니다 **upon request** 요청 시에.

수직배열 독해

If we cannot deliver your merchandise	만약 우리가 귀하의 상품을 배달 못하면
by a specific date,	특정한 날짜까지
the order can be cancelled	주문은 취소될 수 있다
upon request.	요청 시에

030

Applicants should ________ a resume, cover letter, and writing sample to the human resources manager.

(A) omit
(B) admit
(C) permit
(D) submit

▣ 출제 포인트

'제출하다' submit은 전치사 to와 어울려 'submit A to B' 형태로 출제된다. 정답 (D)

═ 수평배열 독해

Applicants should submit 지원자들은 제출해야 한다 (뭘?) **a resume, cover letter, and writing sample** 이력서, 자기소개서, 그리고 작문 샘플을 **to the human resources manager** 인사과 관리자에게.

‖ 수직배열 독해

Applicants should submit	지원자들은 제출해야 한다
a resume, cover letter, and writing sample	이력서, 자기소개서, 그리고 작문 샘플을
to the human resources manager.	인사과 관리자에게

DAY 03
Daily Checkup

step 1 영어표현을 보고 한국말 뜻을 떠올리기

021	attendance records	출석 기록
022	check A for B	B를 위해서 A를 점검하다
023	delegate responsibilities to others	다른 사람들에게 책임을 위임하다
024	directly	직접, 곧바로
025	automobile division	자동차 부서
026	as efficiently as possible	가능한 효율적으로
027	in writing	서면으로
028	notify the immediate supervisor	직속 상관에게 통보하다
029	upon request	요청 시에
030	submit a resume	이력서를 제출하다

step 2 한국말 뜻을 보고 영어표현을 떠올리기

021	출석 기록	attendance records
022	B를 위해서 A를 점검하다	check A for B
023	다른 사람들에게 책임을 위임하다	delegate responsibilities to others
024	직접, 곧바로	directly
025	자동차 부서	automobile division
026	가능한 효율적으로	as efficiently as possible
027	서면으로	in writing
028	직속 상관에게 통보하다	notify the immediate supervisor
029	요청 시에	upon request
030	이력서를 제출하다	submit a resume

DAY
4

031

If you do not agree ____________ the recommendations of the personnel team, you still have the right to request a formal special evaluation.

(A) along
(B) with
(C) for
(D) from

▣ 출제 포인트

'동의하다' agree는 'agree with+사람', 'agree on+의견', 'agree to+제안' 등의 형태로 쓰이므로 전치사 뒤의 명사를 확인해야 한다. 정답 (B)

수평배열 독해

If you do not agree 만약 당신이 동의하지 않는다면 **with the recommendations** 그 권고 사항들에 대해서 **of the personnel team,** 인사과 팀의 **you still have the right** 당신은 여전히 권리를 가지고 있습니다 **to request** 요청할 수 있는 (뭘?) **a formal special evaluation** 공식적인 특별 평가를.

수직배열 독해

If you do not agree	만약 당신이 동의하지 않는다면
with the recommendations of the personnel team,	인사팀의 권고 사항에
you still have the right	당신은 여전히 권리가 있다
to request a formal special evaluation.	공식적인 특별 평가를 요청할 수 있는

032

Parking spaces will be __________ to all full-time employees next week.

(A) assumed
(B) assigned
(C) inspected
(D) installed

▣ 출제 포인트

'할당하다, 배정하다' assign은 보통 'assign+사람+to+사물' 패턴으로 쓰인다. 또한 '~에게 배정되다' be assigned to처럼 수동태로도 출제된다. 정답 (B)

수평배열 독해

Parking spaces will be assigned 주차 공간들이 할당될 것이다 **to all full-time employees** 모든 정규직 직원들에게 **next week** 다음 주에.

수직배열 독해

Parking spaces will be assigned	주차 공간들이 할당될 것이다
to all full-time employees	모든 정규직 직원들에게
next week.	다음 주에

033

The president sent a letter to volunteers expressing appreciation for their valuable ____________ for the charity event last month.

(A) assistant
(B) assisted
(C) to assist
(D) assistance

▣ 출제 포인트

사람 명사 assistant '조수'와 추상 명사 assistance '도움'을 문맥적으로 구별하는 문제로 출제된다. 정답 (D)

〓 수평배열 독해

The president sent a letter 사장님은 편지를 보냈다 **to volunteers** 자원 봉사자들에게 **expressing appreciation** 감사를 표현하는 **for their valuable assistance** 그들의 귀중한 도움에 대해서 **for the charity event** 자선 행사를 위한 **last month** 지날 달에.

‖ 수직배열 독해

The president sent a letter to volunteers	사장님은 자원 봉사자들에게 편지를 보냈다
expressing appreciation	감사를 표현하는
for their valuable assistance	그들의 귀중한 도움에 대해
for the charity event last month.	지난달 자선 행사를 위한

034

The members of the management team should have at least 30 years of ____________ experience in fashion industries.

(A) joined
(B) combined
(C) cooperated
(D) included

▣ 출제 포인트

'결합된' combined는 주로 '경험' experience, '노력' efforts 등의 명사와 어울려 출제된다. 정답 (B)

수평배열 독해

The members of the management team 관리팀의 구성원들은 **should have** 가지고 있어야 한다 (뭘?) **at least** 적어도 **30 years of combined experience** 30년의 결합된 경험을 **in fashion industries** 의류 산업에서**.**

수직배열 독해

The members of the management team	관리팀의 구성원들은
should have at least 30 years of combined experience	적어도 30년의 결합된 경험이 있어야 한다
in fashion industries.	의류 산업에서

035

As of January 1st, routine fire safety inspections will be __________ on a yearly basis.

(A) alerted
(B) conducted
(C) engaged
(D) protected

▣ 출제 포인트

'수행하다' conduct는 '검사' inspection, '조사' survey, '연구' research 등과 어울려 출제된다. 정답 (B)

☰ 수평배열 독해

As of January 1st, 1월 1일부터 **routine fire safety inspections** 정기적인 화재 안전 점검들이 **will be conducted** 시행될 것이다 **on a yearly basis** 1년 단위로.

Ⅲ 수직배열 독해

As of January 1st,	1월 1일부터
routine fire safety inspections	정기적인 화재 안전 점검들이
will be conducted	시행될 것이다
on a yearly basis.	1년 단위로

036

We are working very ______ to make improvements in our manufacturing procedures.

(A) sudden
(B) hard
(C) strong
(D) rapid

▣ 출제 포인트

hard는 '딱딱한, 열심히' 라는 뜻의 형용사와 부사가 동시에 된다. 특히 work hard '열심히 일하다' 덩어리 표현으로 자주 출제된다. 정답 (B)

수평배열 독해

We are working 우리는 일하고 있다 **very hard** 매우 열심히 **to make improvements** 개선들을 하기 위해서 **in our manufacturing procedures** 우리의 제조 절차들에 있어서.

수직배열 독해

We are working very hard	우리는 매우 열심히 일하고 있다
to make improvements	개선하기 위해서
in our manufacturing procedures.	우리의 제조 절차에 있어서

037

My new smartphone has __________ been used, but the touch screen has stopped working.

(A) hardly
(B) faintly
(C) vaguely
(D) dimly

▣ 출제 포인트

'거의 ~하지 않다'라는 뜻의 hardly는 강조를 나타내는 부사와 어울려 hardly ever로 출제되거나, '열심히' hard와 구별하는 문제로 출제된다. 정답 (A)

〓 수평배열 독해

My new smartphone 나의 새로운 스마트폰은 **has hardly been used,** 거의 사용되지 않았다 **but the touch screen** 하지만 터치스크린이 **has stopped working** 작동하는 것을 멈췄다.

‖ 수직배열 독해

My new smartphone has hardly been used,	나의 새 스마트폰은 거의 사용되지 않았다
but the touch screen has stopped working.	하지만 터치스크린이 작동을 멈췄다

038

The ____________ of the meeting is to inform sales staff of further information concerning the newly revised policies.

(A) purpose
(B) destination
(C) pursuit
(D) productivity

▣ 출제 포인트

'is to 동사원형'의 구조가 나오면 주어는 aim, goal, purpose, objective가 정답이다. 정답 (A)

〓 수평배열 독해

The purpose of the meeting 미팅의 목적은 **is to inform sales staff** 판매 직원들에게 알리는 것이다 **of further information** 더 많은 정보에 대해서 **concerning the newly revised policies** 새롭게 개정된 방침들에 관한.

‖ 수직배열 독해

The purpose of the meeting	미팅의 목적은
is to inform sales staff of further information	판매 직원들에게 더 많은 정보를 알리는 것이다
concerning the newly revised policies.	새롭게 개정된 방침들에 관해서

039

The government is ________ for the overall maintenance of the public parks and lakes.

(A) deliberate
(B) predictable
(C) responsible
(D) conditional

▣ 출제 포인트

'책임이 있는' responsible은 전치사 for와 어울려 시험에 출제된다. 형태는 비슷하지만 뜻이 다른 '~에 반응하는' responsive는 전치사 to가 나오는 문제와 구별하는 유형도 출제된다. 정답 (C)

☰ 수평배열 독해

The government is responsible 정부는 책임이 있다 **for the overall maintenance** 전반적인 유지관리에 대해서 **of the public parks and lakes** 공원들과 호수들의.

‖ 수직배열 독해

The government is responsible	정부는 책임이 있다
for the overall maintenance	전반적인 유지관리에
of the public parks and lakes.	공원과 호수의

040

_______________ events showed that the company's decision to purchase the property adjacent to their headquarters had been a good one.

(A) Suspended
(B) Subsequent
(C) Subjective
(D) Sustaining

출제 포인트

'차후의, 그 다음의' subsequent는 전치사 to와 어울려서 쓰이거나, in subsequent years '다음 번 해'의 형태로 출제된다. 또는 '그 이후의 생긴 여러 가지 사건들' subsequent events의 덩어리 표현으로 출제된다. 정답 (A)

수평배열 독해

Subsequent events showed that 그 이후의 사건들은 보여주었다 **the company's decision** 그 회사의 결정 (어떤?) **to purchase the property** 부동산을 구매한 **adjacent to their headquarters** 그들의 본사와 인접한 **had been a good one** 좋은 결정이었다.

수직배열 독해

Subsequent events showed that	그 이후의 사건들에 따르면
the company's decision	회사의 결정
to purchase the property	부동산을 구매한
adjacent to their headquarters	본사와 인접한
had been a good one.	좋은 결정이었다

DAY 04
Daily Checkup

step 1 영어표현을 보고 한국말 뜻을 떠올리기

031	I don't agree with you.	저는 당신의 말에 동의하지 않아요.
032	assigned to all employees	모든 직원들에게 할당된
033	valuable assistance	귀중한 도움
034	combined experience	결합된 경험
035	conduct safety inspections	안전 점검을 시행하다
036	work very hard	매우 열심히 일하다
037	hardly been used	거의 사용되지 않은
038	the purpose of the meeting	미팅의 목적
039	responsible for the maintenance	유지 관리에 책임이 있는
040	subsequent events	그 이후의 사건들

step 2 한국말 뜻을 보고 영어표현을 떠올리기

번호	뜻	영어표현
031	저는 당신의 말에 동의하지 않아요.	I don't agree with you.
032	모든 직원들에게 할당된	assigned to all employees
033	귀중한 도움	valuable assistance
034	결합된 경험	combined experience
035	안전 점검을 시행하다	conduct safety inspections
036	매우 열심히 일하다	work very hard
037	거의 사용되지 않은	hardly been used
038	미팅의 목적	the purpose of the meeting
039	유지 관리에 책임이 있는	responsible for the maintenance
040	그 이후의 사건들	subsequent events

DAY 5

041

The business center is located within the premises of the building, making it easily ______________ to guests.

(A) accessible
(B) familiar
(C) expressible
(D) acknowledgeable

출제 포인트

'접근할 수 있는' accessible은 의미가 파생되어 '이용할 수 있는'의 뜻으로 확장된다. 시험에서는 easily accessible '쉽게 이용 가능한' 덩어리 표현으로 출제된다. 정답 (A)

수평배열 독해

The business center is located 비즈니스 센터는 위치해 있다 **within the premises of the building,** 건물의 구내 안에 **making it easily accessible** 그것이 쉽게 접근할 수 있도록 만들면서 **to guests** 손님들에게.

수직배열 독해

The business center is located	비즈니스 센터는 위치해 있다
within the premises of the building,	건물의 구내 안에
making it easily accessible to guests.	손님들에게 쉽게 이용할 수 있도록

042

The remains were discovered __________ under the center of the city during the construction of the train station.

(A) urgently
(B) deeply
(C) accidentally
(D) densely

▣ 출제 포인트

부사 accidentally '우연히, 뜻하지 않게 실수로'라는 뜻으로 어휘 문제나 형용사 accidental과 품사를 구별하는 문제로 출제된다. 정답 (C)

☰ 수평배열 독해

The remains was discovered 유적지가 발견되었다 **accidentally** 우연히 **under the center of the city** 도시의 중심 아래에서 **during the construction** 공사 동안 **of the train station** 기차역의.

Ⅲ 수직배열 독해

The remains was discovered accidentally	유적지가 우연히 발견되었다
under the center of the city	도시의 중심 아래에서
during the construction of the train station.	기차역의 공사 동안

043

The interviewees should ____________ ability in building and maintaining strong customer relations.

(A) approve
(B) support
(C) fix
(D) demonstrate

출제 포인트

'설명하다, 시연하다, 보여주다'의 demonstrate는 사물을 직접 다루거나 보여주면서 설명할 때 쓰인다. 사람들이 상품을 볼 수 있도록 진열해 놓을 때 쓰이는 display와 의미를 구별해야 한다. 정답 (D)

수평배열 독해

The interviewees should demonstrate 면접자들은 보여줘야 한다 (뭘?) **ability** 능력을 **in building and maintaining** 형성하고 유지하는데 있어서 (뭘?) **strong customer relations** 강한 고객 관계를.

수직배열 독해

The interviewees should demonstrate ability	면접자들은 능력을 보여줘야 한다
in building and maintaining	형성하고 유지하는데 있어서
strong customer relations.	강한 고객 관계를

044

Many employees have to work __________ hours in preparation for the next day's activities.

(A) fortified
(B) extended
(C) previous
(D) potential

▣ 출제 포인트

extend는 '늘이다, 연장하다'라는 뜻으로 '연장된 시간' extended hours 덩어리 표현으로 출제된다. expand '확장시키다'와 헷갈리지 않도록 주의하자. 정답 (B)

〓 수평배열 독해

Many employees have to work 많은 직원들은 일해야 한다 (뭘?) **extended hours** 연장된 시간들을 **in preparation for** 준비를 위해 (뭘?) **the next day's activities** 다음 날의 활동들을.

‖ 수직배열 독해

Many employees have to work extended hours	많은 직원들은 연장 근무를 해야 한다
in preparation for the next day's activities.	다음 날의 활동 준비를 위해

045

Management will ____________ a new quality control procedure soon.

(A) install
(B) implement
(C) notify
(D) fulfill

▣ 출제 포인트

implement는 명사로 착각하기 쉽다. 하지만 '실시하다, 실행하다'라는 뜻의 동사이다. 명사형은 implementation이다. 계획, 정책, 약속, 변화 등을 의미하는 명사와 어울려 출제된다. 정답 (B)

수평배열 독해

Management will implement 경영진은 시행할 것이다 (뭘?) **a new quality control procedure** 새로운 품질 관리 절차를 **soon** 곧.

수직배열 독해

Management will implement	경영진은 시행할 것이다
a new quality control procedure	새로운 품질 관리 절차를
soon.	곧

046

After a thorough evaluation, we are pleased to ____________ you that you are eligible for financial aid.

(A) say
(B) speak
(C) inform
(D) express

▣ 출제 포인트

inform은 '누구에게 무엇을 알리다'라는 뜻으로 목적어 '누구에게 무엇을' 사이에 전치사 of나 접속사 that이 나온다. 특히 inform 동사 다음에는 바로 사람명사가 나온다는 것이 중요하다. '말하다' say나 speak는 뒤에 사람명사가 나올 경우 전치사 to가 있어야 한다. 정답 (C)

〓 수평배열 독해

After a thorough evaluation, 철저한 평가 후에 **we are pleased** 우리는 기쁩니다 **to inform you that** 당신에게 알리게 되어서 (뭘?) **you are eligible** 당신이 자격이 있다는 것을 **for financial aid** 재정적인 지원을 받을 만한.

‖ 수직배열 독해

After a thorough evaluation,	철저한 평가 후에
we are pleased to inform you that	우리는 당신에게 알리게 되어서 기쁩니다
you are eligible for financial aid.	귀하는 재정 지원을 받을 자격이 있습니다

047

Employees are encouraged to wear casual clothes during work time ______________ the formal attire.

(A) instead of
(B) by means of
(C) for the sake of
(D) cut of

▣ 출제 포인트

부사 instead는 전치사 of가 붙어 '~대신에' instead of의 형태로 출제된다.

정답 (A)

☰ 수평배열 독해

Employees are encouraged 직원들은 권장 받는다 **to wear casual clothes** 편안한 옷을 착용하도록 **during work time** 근무 시간 동안 **instead of the formal attire** 정장 대신에.

▥ 수직배열 독해

Employees are encouraged	직원들은 권장 받는다
to wear casual clothes	편안한 옷을 입으라고
during work time	근무 시간 동안
instead of the formal attire.	정장 대신에

048

Because the banquet will begin ______________ at 7:00, all employees are requested to arrive at 6:30.

(A) promptly
(B) occasionally
(C) recently
(D) especially

▣ 출제 포인트

부사 promptly는 '신속히, 즉시'라는 뜻으로 동사를 수식하거나, 시간 앞에 와서 '정각에'라는 뜻으로 출제된다. 정답 (A)

⚌ 수평배열 독해

Because the banquet will begin 왜냐하면 연회가 시작하기 때문에 **promptly at 7:00,** 정각 7시에 **all employees are requested** 모든 직원들은 요청받는다 **to arrive** 도착하도록 **at 6:30** 6시 30분에.

▥ 수직배열 독해

Because the banquet will begin	왜냐하면 연회가 시작하기 때문에
promptly at 7:00,	정각 7시에
all employees are requested to arrive	모든 직원들은 도착하라고 요청받는다
at 6:30.	6시 30분에

049

Having returned from a long business trip, Mr. Lee was advised to rest throughout the ___________ of the week.

(A) remainder
(B) remaining
(C) remain
(D) remained

▣ 출제 포인트

'나머지' remainder는 throughout the remainder of the week '이번 주 나머지 기간 내내'라는 표현으로 출제된다. 독촉장과 같이 '상기시켜 주는 것'을 의미하는 reminder와 혼동하지 말자. 정답 (A)

☰ 수평배열 독해

Having returned 돌아오면서 **from a long business trip,** 오랜 출장으로부터 **Mr. Lee was advised to rest** 미스터리는 쉬도록 권고받았다 **throughout the remainder of the week** 그 주 나머지 기간 내내.

Ⅲ 수직배열 독해

Having returned from a long business trip,	오랜 출장으로부터 돌아와서
Mr. Lee was advised to rest	미스터리는 쉬도록 권고받았다
throughout the remainder of the week.	그 주 나머지 기간 내내

050

Should you have any difficulty with the new copier, please notify technical support staff in a ________ manner.

(A) timed
(B) timely
(C) timing
(D) time

▣ 출제 포인트

timely는 부사처럼 보이지만 '시기적절한'이라는 뜻의 형용사이다. 토익에서는 주로 '시기 적절한 때에' in a timely manner라는 표현으로 출제된다. 같은 표현 in a timely fashion도 함께 알아두자. 정답 (B)

═ 수평배열 독해

Should you have any difficulty 혹시 당신이 어떤 어려움이라도 가지고 있다면 **with the new copier,** 새로운 복사기에 대해서 **please notify technical support staff** 기술 지원 직원들에게 알려주세요 **in a timely manner** 시기적절하게.

‖ 수직배열 독해

Should you have any difficulty	혹시 당신이 어려움이 있으면
with the new copier,	새로운 복사기에 대해서
please notify technical support staff	기술 지원 직원들에게 알려주세요
in a timely manner.	시기적절하게

DAY 05
Daily Checkup

step 1 영어표현을 보고 한국말 뜻을 떠올리기

041	easily accessible	쉽게 이용할 수 있는
042	It was discovered accidentally.	그것이 우연히 발견되었다.
043	demonstrate ability	능력을 보여주다
044	extended hours	연장된 시간
045	implement a new procedure	새로운 절차를 시행하다
046	We are pleased inform you that…	당신에게 알라게 되어서 기쁩니다
047	instead of the formal attire	정장 대신에
048	promptly at 7:00	정각 7시에
049	throughout the remainder of the week	이번 주 나머지 기간 내내
050	in a timely manner	시기적절하게

step 2 한국말 뜻을 보고 영어표현을 떠올리기

041	쉽게 이용할 수 있는	easily accessible
042	그것이 우연히 발견되었다.	It was discovered accidentally.
043	능력을 보여주다	demonstrate ability
044	연장된 시간	extended hours
045	새로운 절차를 시행하다	implement a new procedure
046	당신에게 알라게 되어서 기쁩니다	We are pleased inform you that…
047	정장 대신에	instead of the formal attire
048	정각 7시에	promptly at 7:00
049	이번 주 나머지 기간 내내	throughout the remainder of the week
050	시기적절하게	in a timely manner

DAY

051

Studies show that work progresses more ____________ when the supervisor is on the factory floor.

(A) recently
(B) eagerly
(C) immediately
(D) rapidly

▣ 출제 포인트

'빠르게, 신속히' rapidly는 grow, increase, progress 등의 변화를 나타내는 동사와 어울려 출제된다. 정답 (D)

☰ 수평배열 독해

Studies show that 연구조사들이 보여준다 **work progresses** 일이 진행된다 **more rapidly** 더 빠르게 **when the supervisor is** 감독자가 있을 때 **on the factory floor** 작업 현장에.

‖ 수직배열 독해

Studies show that	연구조사들에 따르면
work progresses more rapidly	일이 더 빠르게 진행된다
when the supervisor is on the factory floor.	감독자가 작업 현장에 있을 때

052

Under the leadership of Mr. Lee, profits have increased ____________ and remained high for the past twenty five years.

(A) numerously
(B) dramatically
(C) unanimously
(D) willingly

▣ 출제 포인트

dramatically는 변화나 증감의 차이가 '극적으로' 대단하다는 의미로 주로 증감 동사 increase나 decrease와 어울려 출제된다. 정답 (B)

☰ 수평배열 독해

Under the leadership of Mr. Lee, 미스터리의 통솔력 하에서 **profits have increased** 수익이 증가해 왔다 **dramatically** 극적으로 **and remained high** 그리고 높은 상태로 유지해 왔다 **for the past twenty five years** 지난 25년 동안.

||| 수직배열 독해

Under the leadership of Mr. Lee,	미스터리의 리더십 하에서
profits have increased dramatically	수익이 극적으로 증가해 왔다
and remained high	그리고 높은 상태로 유지해 왔다
for the past twenty five years.	지난 25년 동안

053

The government agency believes that it would be more ____________ to allow private companies to take on these tasks.

(A) economy
(B) economize
(C) economical
(D) economics

▣ 출제 포인트

(A) economy 경제, (B) economize 절약하다, (C) economical 경제적인, (D) economics 경제학. 보기를 통해 어형 문제라는 것을 알 수 있다. 빈칸 앞 more는 부사 임으로 삭제하자. 토익에서는 be동사 다음의 빈칸은 '형용사'가 정답인 경우가 대부분 출제되고 있다. 정답 (C)

〓 수평배열 독해

The government agency believes that 정부 기관은 믿는다 (뭘?) **it would be more economical** 그것이 더 경제적일 것이라고 (그게 뭔데?) **to allow private companies** 민간 기업들을 허용하는 것이 **to take on these tasks** 이 일들을 맡도록.

||| 수직배열 독해

The government agency believes that	정부 기관은 믿는다
it would be more economical	그것이 더 경제적일 것이라고
to allow private companies	민간 기업들을 허용하는 것이
to take on these tasks.	이 일들을 맡도록

054

Most employers understand that workers given challenging assignments are less __________ to become bored.

(A) likely
(B) like
(C) alike
(D) likelihood

▣ 출제 포인트

'~할 것 같은' likely는 형용사로 to부정사와 어울려 'be likely to do' 형태로 자주 출제된다. 정답 (A)

수평배열 독해

Most employers understand that 대부분의 고용주들은 이해한다 **workers** 직원들 (어떤?) **given challenging assignments** 도전적인 업무들이 주어진 직원들이 **are less likely to become bored** 덜 지루하게 되는 것 같다.

수직배열 독해

Most employers understand that	대부분의 고용주들은 안다
workers given challenging assignments	도전적인 업무가 주어진 직원들이
are less likely to become bored.	덜 지루하게 되는 것 같다

055

We would appreciate it if you would take the time to complete this survey in order to improve __________ service.

(A) overdue
(B) overlap
(C) overall
(D) overhead

▣ 출제 포인트

'전반적인, 종합적인'의 뜻인 overall은 형용사뿐만 아니라 부사로도 쓰인다는 점에 주의해야 한다. 정답 (C)

수평배열 독해

We would appreciate it 우리는 감사 할 것 같습니다 **if you would take the time** 만약 당신이 시간을 내주신다면 **to complete this survey** 이 설문지를 작성할 **in order to improve overall service** 전반적인 서비스를 향상시키기 위해서.

수직배열 독해

We would appreciate it	저희는 감사 할 것 같습니다
if you would take the time	만약 귀하가 시간을 내주신다면
to complete this survey	이 설문지를 작성할
in order to improve overall service.	전반적인 서비스를 향상시키기 위해서

056

Mr. Lee is by far the most ________ employee of our corporation and his performance has been exemplary.

(A) promise
(B) promised
(C) promises
(D) promising

출제 포인트

'약속' promise에 ~ing을 붙여 promising이 되면 '유망한, 전망이 좋은'이라는 뜻이 된다. 정답 (D)

수평배열 독해

Mr. Lee is by far 미스터리는 단연코 **the most promising employee** 가장 유망한 직원이다 **of our corporation** 우리 기업의 **and his performance** 그리고 그의 업무 능력은 **has been exemplary** 본보기가 되어 왔다.

수직배열 독해

Mr. Lee is by far	미스터리는 단연코
the most promising employee of our corporation	우리 기업의 가장 유망한 직원이다
and his performance has been exemplary.	그의 업무 능력은 본보기가 되어 왔다

057

Because consumers tend to purchase more expensive cars in times of ____________, SM Motors is releasing a new line of luxury sedans.

(A) prosper
(B) prosperity
(C) prosperous
(D) prosperously

▣ 출제 포인트

'번영' prosperity는 in times of prosperity '번영기에' 덩어리 표현으로 출제된다. 동사 prosper '번영하다'도 함께 알아두자. 정답 (B)

수평배열 독해

Because consumers tend to purchase 소비자들이 구매하는 경향이 있기 때문에 (뭘?) **more expensive cars** 더 비싼 자동차들을 **in times of prosperity,** 번영의 시기에 **SM Motors is releasing** 에스엠 모터스사는 출시하고 있다 (뭘?) **a new line of luxury sedans** 새로운 라인의 고급 세단들을.

수직배열 독해

Because consumers tend to purchase	소비자들이 구매하는 경향이 있기 때문에
more expensive cars	더 비싼 자동차들을
in times of prosperity,	번영의 시기에
SM Motors is releasing	에스엠 모터스사는 출시하고 있다
a new line of luxury sedans.	새로운 라인의 고급 세단들을

058

The studies indicates that a diet rich in protein may be more ________ than expected.

(A) verified
(B) grateful
(C) beneficial
(D) assisting

▣ 출제 포인트

'유익한, 이로운' beneficial은 전치사 to와 어울려 '~에게 도움이 되다'의 형태로 주로 출제된다. 정답 (C)

☰ 수평배열 독해

The studies indicates that 그 연구들에 따르면 **a diet** 다이어트 (어떤?) **rich in protein** 단백질이 풍부한 다이어트는 **may be more beneficial** 더 유익할 수 있다 **than expected** 기대하는 것 보다.

||| 수직배열 독해

The studies indicates that	연구에 따르면
a diet rich in protein	단백질이 풍부한 다이어트는
may be more beneficial	더 유익할 수 있다
than expected.	기대하는 것 보다

059

Many readers state that the editorial page of the daily is more ________ but admit that what they read first is the sports page.

(A) trustful
(B) enlightening
(C) tenacious
(D) fastidious

▣ 출제 포인트

(A) trustful 신용하는, (B) enlightening 계몽적인, (C) tenacious 집요한, (D) fastidious 세심한. 해석을 통해서 정확한 의미를 빠르게 파악할 수 있어야 한다. 정답 (B)

☰ 수평배열 독해

Many readers state that 많은 독자들은 말한다 **the editorial page of the daily** 일간지의 사설 페이지가 **is more enlightening** 더 계몽적이다 **but admit that** 하지만 인정한다 **what they read first** 그들이 처음에 읽은 것은 **is the sports page** 스포츠 페이지이다.

||| 수직배열 독해

Many readers state that	많은 독자들은 말한다
the editorial page of the daily	일간지의 사설 페이지가
is more enlightening	더 계몽적이다
but admit that	하지만 인정한다
what they read first	그들이 처음에 읽은 것은
is the sports page.	스포츠 페이지이다

060

Thousands of job seekers attended the job fair in order to get ____________ information on the job vacancies.

(A) commented
(B) perceived
(C) indicative
(D) informative

▣ 출제 포인트

'정보를 주다, 알리다' inform의 형용사 informative는 '정보를 주는, 유익한'이라는 뜻이다. informative brochure '유익한 소책자' 덩어리 표현으로 출제된다.

정답 (D)

수평배열 독해

Thousands of job seekers 수천 명의 구직자들이 **attended the job fair** 취업 박람회에 참석했다 **in order to get informative information** 유익한 정보를 얻기 위해서 **on the job vacancies** 구직 일자리들에 대한.

수직배열 독해

Thousands of job seekers	수천 명의 구직자들이
attended the job fair	취업 박람회에 참석했다
in order to get informative information	유익한 정보를 얻기 위해서
on the job vacancies.	구직 일자리들에 대해서

DAY 06
Daily Checkup

step 1 영어표현을 보고 한국말 뜻을 떠올리기

051	progress more rapidly	더 신속하게 진행되다
052	increase dramatically	극적으로 증가하다
053	more economical	더 경제적인
054	It is likely to rain.	비가 내릴 것 같다.
055	overall service	전반적인 서비스
056	the most promising employee	가장 유망한 직원
057	in times of prosperity	번영의 시기에
058	more beneficial	더 유익한
059	more enlightening	더 계몽적인
060	informative information	유익한 정보

step 2 한국말 뜻을 보고 영어표현을 떠올리기

051	더 신속하게 진행되다	progress more rapidly
052	극적으로 증가하다	increase dramatically
053	더 경제적인	more economical
054	비가 내릴 것 같다.	It is likely to rain.
055	전반적인 서비스	overall service
056	가장 유망한 직원	the most promising employee
057	번영의 시기에	in times of prosperity
058	더 유익한	more beneficial
059	더 계몽적인	more enlightening
060	유익한 정보	informative information

DAY 7

061

Starting January 1, the local library will ____________ magazines to patrons for 2 weeks only.

(A) admit
(B) place
(C) share
(D) lend

▣ 출제 포인트

lend는 돈이나 물건을 '빌려주다'라는 뜻이다. 반대말 borrow는 '빌려오다'라는 뜻이다. 두 단어를 확실하게 구별해서 암기하자. 또한 유료로 집이나 차량을 임대하거나 임차할 때 rent를 사용한다. 즉, rent는 '임대료'라는 명사도 되고, '빌려주다'와 '빌려오다'라는 뜻의 동사로도 쓰인다. 정답 (D)

〓 수평배열 독해

Starting January 1, 1월 1일부터 **the local library will lend magazines** 지역 도서관은 잡지들을 빌려줄 것이다 **to patrons** 고객들에게 **for 2 weeks** 2주 동안 **only** 오직.

‖ 수직배열 독해

Starting January 1,	1월 1일부터
the local library will lend magazines	지역 도서관은 잡지를 빌려줄 것이다
to patrons	고객들에게
for 2 weeks only.	오직 2주 동안

062

Since the performance is very ___________, reserving tickets in advance is suggested.

(A) popular
(B) likable
(C) preferred
(D) favorite

▣ 출제 포인트

(A) popular 인기 있는, (B) likable 호감이 가는, (C) preferred 선호되는, (D) favorite 가장 좋아하는. '좋아하는'을 뜻하는 단어들의 차이를 구별하는 문제로 출제된다. 정답 (A)

수평배열 독해

Since the performance is very popular, 왜냐하면 그 공연이 매우 인기 있기 때문에 **reserving tickets** 입장권을 예약하는 것이 **in advance** 미리 **is suggested** 제안됩니다.

수직배열 독해

Since the performance is very popular,	왜냐하면 공연이 매우 인기 있기 때문에
reserving tickets in advance is suggested.	미리 입장권을 예약하는 것이 제안됩니다

063

All members are required to ___________ their identification cards when they enter the facility.

(A) present
(B) attempt
(C) relate
(D) perform

▣ 출제 포인트

present는 여러 가지 의미와 품사로 쓰인다. 동사로 쓰이면 '주다, 제시하다'라는 뜻이다. 형용사는 '현재의, 참석한'이라는 뜻으로 쓰인다. 명사는 '선물'이라는 뜻이다. 정답 (A)

수평배열 독해

All members are required 모든 회원들은 요구 받는다 **to present their identification cards** 그들의 신분증을 제시하도록 **when they enter the facility** 그들이 그 시설에 들어갈 때.

수직배열 독해

All members are required	모든 회원들은 요구 받는다
to present their identification cards	신분증을 제시하도록
when they enter the facility.	그들이 그 시설에 들어갈 때

064

Due to a dramatic increase in the consumer's demand, the president has decided to hire additional ten employees for the ______ year.

(A) resulting
(B) upcoming
(C) forwarding
(D) arising

▣ 출제 포인트

upcoming은 '다가오는, 곧 있을'이라는 뜻이다. the upcoming year '다가오는 해', upcoming event '곧 있을 행사' 덩어리 표현으로 출제된다. 정답 (B)

〓 수평배열 독해

Due to a dramatic increase 급격한 증가 때문에 **in the consumer's demand,** 소비자 수요에 있어서 **the president has decided** 사장님은 결정했다 (뭘?) **to hire additional ten employees** 추가적인 열명의 직원들을 고용하기로 **for the upcoming year** 다가오는 해를 위해서.

‖ 수직배열 독해

Due to a dramatic increase	급격한 증가 때문에
in the consumer's demand,	소비자 수요에 있어서
the president has decided	사장님은 결정했다
to hire additional ten employees	추가적인 열 명의 직원들을 고용하기로
for the upcoming year.	다가오는 해를 위해서

065

Marketing managers should have excellent communication skills to communicate effectively with a ____________ of customers.

(A) utility
(B) ability
(C) variety
(D) visuality

▣ 출제 포인트

'다양성' variety는 'a variety of 복수명사' 형태로 출제된다. 이때 large나 wide와 자주 어울려 'a large/wide variety of 복수명사'의 형태로 '매우 다양한'이라는 뜻이 된다. 정답 (C)

〓 수평배열 독해

Marketing managers should have 마케팅 관리자들은 가지고 있어야 한다 (뭘?) **excellent communication skills** 훌륭한 의사소통 기술들을 **to communicate effectively** 효율적으로 의사소통 할 수 있는 **with a variety of customers** 다양한 고객들과.

‖ 수직배열 독해

Marketing managers should have	마케팅 관리자들은 가지고 있어야 한다
excellent communication skills	훌륭한 의사소통 기술들을
to communicate effectively	효율적으로 의사소통 할 수 있는
with a variety of customers.	다양한 고객들과

066

Numerous economists are worried that Bolt Electronics' recent acquisition would probably ____________ the semiconductor industry.

(A) encounter
(B) incline
(C) affect
(D) induce

▣ 출제 포인트

affect는 '영향을 미치다'라는 뜻의 동사이다. 형태가 비슷한 effect '효과, 효력'과 구별해서 알아두자. 정답 (C)

☰ 수평배열 독해

Numerous economists are worried that 수많은 경제학자들이 걱정한다 **Bolt Electronics' recent acquisition** 볼트 전자회사의 최근의 인수가 **would probably affect** 아마 영향을 미칠 것이다 (뭘?) **the semiconductor industry** 반도체 산업에.

‖ 수직배열 독해

Numerous economists are worried that	많은 경제학자들이 걱정한다
Bolt Electronics' recent acquisition	볼트 전자회사의 최근의 인수가
would probably affect the semiconductor industry.	아마 반도체 산업에 영향을 미칠 것이다

067

When you subscribe to Economy News, you can be confident that you will receive a reliable ____________ of the latest economic trends.

(A) analysis
(B) development
(C) logic
(D) conversation

▣ 출제 포인트

analysis는 '분석'이라는 뜻의 추상 명사이다. 사람 명사 analyst '분석가'와 구별하는 문제로 출제된다. analyze '분석하다' 동사도 함께 알아두자. 정답 (A)

〓 수평배열 독해

When you subscribe 여러분들이 구독할 때 **to Economy News,** 이코노미 뉴스를 **you can be confident that** 여러분들은 확신할 수 있습니다 **you will receive** 여러분들은 받을 것입니다 **a reliable analysis** 믿을 수 있는 분석을 **of the latest economic trends** 최신 경제 경향에 대한.

Ⅱ 수직배열 독해

When you subscribe to Economy News,	여러분들이 이코노미 뉴스를 구독할 때
you can be confident that	여러분들은 확신할 수 있습니다
you will receive a reliable analysis	여러분들은 믿을 수 있는 분석을 받을 것입니다
of the latest economic trends.	최신 경제 경향에 대한

068

_______ in the fashion market increased when a rival firm was established in a nearby city.

(A) Competition
(B) Pronouncement
(C) Repetition
(D) Upstart

출제 포인트

competition은 '경쟁, 대회'라는 뜻이다. 사람 명사 competitor '경쟁자'와 구별하는 문제로도 출제된다. 정답 (A)

수평배열 독해

Competition 경쟁 (어떤?) **in the fashion market increased** 의류 시장에서의 경쟁이 증가했다 **when a rival firm was established** 한 경쟁 회사가 설립되었을 때 **in a nearby city** 인근의 도시에.

수직배열 독해

Competition in the fashion market increased	의류 시장에서의 경쟁이 증가했다
when a rival firm was established	한 경쟁 회사가 설립되었을 때
in a nearby city.	근처의 도시에

069

For the third ______________ year, Melbourne has been named the most livable city in the world by the Economist Intelligence Unit.

(A) next
(B) consecutive
(C) following
(D) constant

출제 포인트

'연속적인' consecutive는 서수와 함께 쓰일 때는 for the third consecutive year '3년 연속으로'에서 year를 단수로 쓴다. 기수로 쓰일 경우는 for three consecutive years에서 years를 복수로 쓴다. 정답 (B)

수평배열 독해

For the third consecutive year, 3년 연속동안 **Melbourne has been named** 멜버른이 지명되었다 **the most livable city** 가장 살기 좋은 도시로 **in the world** 세계에서 **by the Economist Intelligence Unit** 이코노미스트 인텔리전스 유닛에 의해.

수직배열 독해

For the third consecutive year,	3년 연속으로
Melbourne has been named	멜버른이 지명되었다
the most livable city in the world	세계에서 가장 살기 좋은 도시로
by the Economist Intelligence Unit.	이코노미스트 인텔리전스 유닛에 의해

070

HP Corporation has ____________ provided quality and affordable products to its customers over the years.

(A) broadly
(B) formerly
(C) consistently
(D) repetitiously

▣ 출제 포인트

'항상, 일관되게' consistently는 생산, 공급과 관련된 동사와 어울려 출제된다.

정답 (C)

☰ 수평배열 독해

HP Corporation has consistently provided HP 기업은 일관되게 제공해오고 있다 (뭘?) **quality and affordable products** 품질 좋고 저렴한 제품들을 **to its customers** 고객들에게 **over the years** 수년간에 걸쳐서.

||| 수직배열 독해

HP Corporation has consistently provided	HP 기업은 일관되게 제공해오고 있다
quality and affordable products	품질 좋고 저렴한 제품들을
to its customers	고객들에게
over the years.	수년간에 걸쳐서

DAY 07
Daily Checkup

step 1 영어표현을 보고 한국말 뜻을 떠올리기

061	lend magazines to patrons	잡지들을 고객들에게 빌려주다
062	very popular	매우 인기 있는
063	present the identification cards	신분증을 제시하다
064	the upcoming year	다가오는 해
065	a variety of customers	다양한 고객들
066	affect the semiconductor industry	반도체 산업에 영향을 미치다
067	a reliable analysis	믿을 수 있는 분석
068	competition in the fashion market	의류 시장에서의 경쟁
069	for the third consecutive year	3년 연속으로
070	consistently provide	일관되게 제공하다

step 2 한국말 뜻을 보고 영어표현을 떠올리기

061	잡지들을 고객들에게 빌려주다	lend magazines to patrons
062	매우 인기 있는	very popular
063	신분증을 제시하다	present the identification cards
064	다가오는 해	the upcoming year
065	다양한 고객들	a variety of customers
066	반도체 산업에 영향을 미치다	affect the semiconductor industry
067	믿을 수 있는 분석	a reliable analysis
068	의류 시장에서의 경쟁	competition in the fashion market
069	3년 연속으로	for the third consecutive year
070	일관되게 제공하다	consistently provide

DAY 8

071

A strict policy prohibiting e-mailing within the company will be ______________ as of January 1.

(A) acute
(B) approximately
(C) effective
(D) exacting

▣ 출제 포인트

'효과적인, 효력이 발효되는' effective는 effective measures '효과적인 조치들' 또는 effective as of January 1 '1월 1일부터 효력을 발휘하는'의 의미로 시험에 출제된다. 정답 (C)

☰ 수평배열 독해

A strict policy 한 엄격한 방침 (어떤?) **prohibiting e-mailing** 이메일 보내는 것을 금지하는 **within the company** 회사 내에서 **will be effective** 효력이 발효될 것이다 **as of January 1** 1월 1일 부로.

Ⅲ 수직배열 독해

A strict policy prohibiting e-mailing	이메일 보내는 것을 금지하는 엄격한 방침이
within the company	회사 내에서
will be effective as of January 1.	1월 1일부터 효력이 발효될 것이다

072

In order to meet the high client need for our products, we are planning to ______ our business.

(A) expand
(B) exhibit
(C) include
(D) incline

▣ 출제 포인트

expand는 범위, 정도, 크기 등을 '확장하다'라는 뜻으로 주로 market, division, business 등의 명사와 어울려 출제된다. 형태가 비슷한 extend '연장하다'와 의미를 구분해서 암기하자. 정답 (A)

수평배열 독해

In order to meet 맞추기 위해서 (뭘?) **the high client need** 높은 고객 요구를 **for our products,** 우리 제품들에 대한 **we are planning** 우리는 계획하고 있다 (뭘?) **to expand our business** 우리의 사업을 확장할 것을.

수직배열 독해

In order to meet the high client need	높은 고객 요구를 맞추기 위해서
for our products,	우리 제품들에 대한
we are planning to expand our business.	우리는 사업 확장을 계획하고 있다

073

The survey shows that the increasing use of antibiotics to treat minor illnesses has ____________ questions about the future effectiveness of the drugs.

(A) raised
(B) reared
(C) lifted
(D) grown

▣ 출제 포인트

raise는 가격을 올리거나 의문을 제기할 때 쓰인다. lift는 무거운 것을 들어 올린다는 의미이다. raise는 명사와 동사의 형태가 같다. 명사일 경우는 pay raise '임금 인상'으로 쓰이고, 동사일 경우는 raise questions '의문을 제기하다'의 뜻으로 쓰인다. 정답 (A)

☰ 수평배열 독해

The survey shows that 그 설문 조사에 따르면 **the increasing use of antibiotics** 항생제의 증가하는 사용 **to treat minor illnesses** 사소한 질병들을 치료하기 위한 **has raised questions** 의문들을 제기해 왔다 **about the future effectiveness** 미래의 효율성에 대해서 **of the drugs** 약들의.

‖ 수직배열 독해

The survey shows that	설문 조사에 따르면
the increasing use of antibiotics	항생제의 증가하는 사용은
to treat minor illnesses	사소한 질병을 치료하기 위한
has raised questions	의문을 제기해 왔다
about the future effectiveness of the drugs.	약의 미래의 효율성에 대해서

074

Having a car would be considered an ______ but it's not a prerequisite.

(A) advantage
(B) advice
(C) admission
(D) adaption

▣ 출제 포인트

advantage는 다른 사람들보다 더 유리한 상황으로 만들어 주는 '이점'이나 '강점'을 의미한다. 주로 take advantage of '~을 이용하다' 형태로 자주 출제된다.

정답 (A)

수평배열 독해

Having a car 자동차를 가지고 있는 것은 **would be considered** 고려될 수 있다
an advantage 한 이점으로 **but it's not a prerequisite** 하지만 그것이 전제 조건은 아니다.

수직배열 독해

Having a car	자동차를 가지고 있는 것은
would be considered an advantage	이점으로 고려될 수 있다
but it's not a prerequisite.	하지만 그것이 전제 조건은 아니다

075

Mr. Lee referred me to you for ____________ about establishing a business in the city.

(A) advice
(B) advise
(C) device
(D) devise

▣ 출제 포인트

advice는 '조언, 충고'라는 뜻의 명사이고, advise는 '조언해 주다, 충고해 주다'라는 뜻의 동사이다. 명사와 동사의 형태를 구분해서 알아두자. 정답 (A)

〓 수평배열 독해

Mr. Lee referred me 미스터리가 나를 소개해주었다 **to you** 당신에게 **for advice** 조언을 위해서 **about establishing a business** 사업체를 설립하는 것에 대해 **in the city** 그 도시에서.

‖ 수직배열 독해

Mr. Lee referred me to you	미스터리가 나를 당신에게 소개해주었다
for advice about establishing a business	사업체를 설립하는 것에 대한 조언을 위해
in the city.	그 도시에서

076

Our new line of athletic gear ____________ at young adults has not sold than marketing department had expected.

(A) stated
(B) manufactured
(C) aimed
(D) designed

출제 포인트

aim은 '목표, 목적'이라는 뜻의 명사도 되고, '~을 겨누다'라는 뜻의 동사도 된다. 주로 aim to do '~하는 것을 목표로 하다' 또는 aimed at '~에 겨냥된'의 형태로 출제된다. 정답 (C)

수평배열 독해

Our new line of athletic gear 우리의 새로운 제품의 운동 장비 (어떤) **aimed at young adults** 젊은이들에게 겨냥된 운동 장비들이 **has not sold** 팔리지 않았다 **than marketing department had anticipated** 마케팅 부서가 예상했었던 것 보다.

수직배열 독해

Our new line of athletic gear	우리의 새로운 제품의 운동 장비
aimed at young adults	젊은이들에게 겨냥된
has not sold	팔리지 않았다
than marketing department had anticipated.	마케팅 부서가 예상했었던 것 보다

077

Mr. Lee said that his department has been doing everything to _______ more tourists to the island.

(A) compel
(B) appeal
(C) detect
(D) attract

▣ 출제 포인트

'끌다, 유인하다' attract는 tourist, visitor, customer 등의 사람명사와 어울려 출제된다. 정답 (D)

⚌ 수평배열 독해

Mr. Lee said that 미스터리는 말했다 **his department has been doing everything** 그의 부서가 모든 것을 해오고 있다고 **to attract more tourists** 더 많은 관광객들을 끌어모으기 위해서 **to the island** 그 섬으로.

⏸ 수직배열 독해

Mr. Lee said that	미스터리는 말했다
his department has been doing everything	그의 부서가 모든 것을 해오고 있다
to attract more tourists	더 많은 관광객들을 끌어모으기 위해서
to the island.	그 섬으로

078

We hope that you will be able to work with us, and look ________ to speaking with you again soon.

(A) up
(B) forward
(C) in
(D) around

▣ 출제 포인트

forward는 '앞으로'라는 뜻의 부사뿐만 아니라 물건이나 정보를 '보내다'라는 뜻의 동사로도 쓰인다. 또한 '~을 고대하다' look forward to 다음에 동명사가 정답인 문제가 출제된다. 정답 (B)

☰ 수평배열 독해

We hope that 우리는 희망합니다 **you will be able to work** 당신이 일할 수 있기를 **with us,** 우리와 함께 **and look forward to speaking** 그리고 말할 수 있기를 기대합니다 **with you** 당신과 **again soon** 다시 곧.

‖ 수직배열 독해

We hope that	우리는 희망합니다
you will be able to work with us,	당신이 우리와 함께 일할 수 있기를
and look forward to speaking with you	그리고 당신과 말할 수 있기를 기대합니다
again soon.	다시 곧

079

Although he retired from the corporation over five years ago, Mr. Lee still has a significant ____________ on the company's policies.

(A) influence
(B) inspiration
(C) indication
(D) instruction

▣ 출제 포인트

influence는 '영향, 영향을 주다'라는 뜻으로 동사와 명사가 동시에 된다. 특히 have an influence on '~에 영향을 미치다'의 형태로 자주 출제된다. 정답 (A)

⚌ 수평배열 독해

Although he retired 비록 그는 은퇴했음에도 불구하고 **from the corporation** 그 기업에서 **over five years ago,** 5년 이상 전에 **Mr. Lee still has** 미스터리는 여전히 가지고 있다 (뭘?) **a significant influence** 상당한 영향력을 **on the company's policies** 회사의 정책들에 대해서.

⏸ 수직배열 독해

Although he retired from the corporation	그는 기업에서 은퇴했음에도 불구하고
over five years ago,	5년 이상 전에
Mr. Lee still has a significant influence	미스터리는 여전히 상당한 영향력을 미친다
on the company's policies.	회사의 정책에

080

The furniture store has had a dramatic increase in revenues _______ due to its strategic marketing campaign.

(A) hugely
(B) largely
(C) extremely
(D) immensely

▣ 출제 포인트

largely는 '주로, 대부분'이란 뜻으로 largely due to '주로 ~때문에'라는 덩어리 표현으로 출제된다. 정답 (B)

〓 수평배열 독해

The furniture store has had 그 가구점은 가져왔다 (뭘?) **a dramatic increase** 급격한 증가를 **in revenues** 수익에 있어서 **largely due to** 주로 이유는 **its strategic marketing campaign** 전략적인 마케팅 캠페인 때문에.

∥ 수직배열 독해

The furniture store has had	그 가구점은 가져왔다
a dramatic increase in revenues	수익에 있어서 급격한 증가를
largely due to its strategic marketing campaign.	주로 전략적인 마케팅 캠페인 때문에

DAY 08
Daily Checkup

step 1 영어표현을 보고 한국말 뜻을 떠올리기

071	effective as of January 1	1월 1일부터 효력을 발휘하는
072	expand the business	사업을 확장하다
073	raise questions	의문들을 제기하다
074	would be considered an advantage	이점으로 고려될 수 있다
075	advice about establishing a business	사업체를 설립하는 것에 대한 조언
076	aimed at young adults	젊은이들에게 겨냥된
077	attract more tourists	더 많은 관광객들을 끌어모으다
078	I'm look forward to it.	나는 그게 너무 기대된다.
079	a significant influence	상당한 영향력
080	largely due to	주로 ~때문에

step 2 한국말 뜻을 보고 영어표현을 떠올리기

071	1월 1일부터 효력을 발휘하는	effective as of January 1
072	사업을 확장하다	expand the business
073	의문들을 제기하다	raise questions
074	이점으로 고려될 수 있다	would be considered an advantage
075	사업체를 설립하는 것에 대한 조언	advice about establishing a business
076	젊은이들에게 겨냥된	aimed at young adults
077	더 많은 관광객들을 끌어모으다	attract more tourists
078	나는 그게 너무 기대된다.	I'm look forward to it.
079	상당한 영향력	a significant influence
080	주로 ~때문에	largely due to

DAY
9

081

The results of the survey suggest that the ____________ of magazine subscribers prefer looking at photographs of celebrities to reading feature stories.

(A) majority
(B) most
(C) summary
(D) addition

▣ 출제 포인트

'대부분, 대다수'를 의미할 때 the majority of 에서는 majority 앞에 관사 the를 써주고, most of the 에서는 most 앞에 관사 the를 쓰지 않는다. 정답 (A)

수평배열 독해

The results of the survey suggest that 설문 조사의 결과들에 따르면 **the majority of magazine subscribers prefer** 대다수의 잡지 구독자들은 선호한다 (뭘?) **looking at photographs of celebrities** 유명 인사들의 사진들을 보는 것을 **to reading feature stories** 특집 이야기들을 읽는 것 보다.

수직배열 독해

The results of the survey suggest that	설문조사의 결과들에 따르면
the majority of magazine subscribers prefer	대다수의 잡지 구독자들은 선호한다
looking at photographs of celebrities	유명 인사들의 사진들을 보는 것을
to reading feature stories.	특집 이야기들을 읽는 것 보다

082

Technology is improving so quickly that many home appliances are currently ____________ to everyone.

(A) affordable
(B) believed
(C) curable
(D) excessive

▣ 출제 포인트

affordable은 '감당할 수 있는'이라는 뜻이다. price, cost, rate 등의 가격을 뜻하는 명사와 쓰이면 가격이 '알맞은, 저렴한'이라는 의미로 주로 출제된다.

정답 (A)

수평배열 독해

Technology is improving 기술이 향상하고 있다 **so quickly** 매우 빠르게 **that many home appliances** 그래서 많은 가전 제품들이 **are currently affordable** 현재 저렴한 상태이다 **to everyone** 모든 사람들에게.

수직배열 독해

Technology is improving so quickly	기술이 매우 빠르게 향상하고 있다
that many home appliances	그래서 많은 가전 제품들이
are currently affordable	현재 저렴하다
to everyone.	모든 사람들에게

083

ABC Flowers is the only florist in the __________ that allows customers to choose and cut flowers themselves.

(A) site
(B) boundary
(C) area
(D) garden

출제 포인트

area는 도시나 나라 등에서의 일부 '지역'을 의미한다. site는 특정 목적을 위해 사용되는 '부지'를 뜻한다. 정답 (C)

수평배열 독해

ABC Flowers is the only florist ABC 플라우워스는 유일한 꽃가게이다 **in the area** 그 지역에서 **that allows customers** 그 꽃가게는 고객들을 허용한다 **to choose and cut flowers** 꽃들을 선택하고 자를 수 있도록 **themselves** 그들이 직접.

수직배열 독해

ABC Flowers is the only florist	ABC 플라우워스는 유일한 꽃가게이다
in the area	그 지역에서
that allows customers	고객을 허용하는
to choose and cut flowers	꽃을 선택하고 자를 수 있도록
themselves.	그들이 직접

084

The majority of city residents will benefit ________ a better transportation system.

(A) from
(B) of
(C) to
(D) at

▣ 출제 포인트

benefit은 '이익, 혜택'이라는 명사도 되지만 '이익을 얻다'라는 자동사일 경우에는 전치사 from과 어울려 출제된다. 주의할 것은 '~에게 이익을 주다'라는 타동사로 사용될 때에는 전치사 to 없이 바로 목적어가 나와야 한다. **정답** (A)

수평배열 독해

The majority of city residents 대다수의 도시 거주자들은 **will benefit** 혜택을 얻을 것이다 **from a better transportation system** 더 좋은 교통 시스템으로부터.

수직배열 독해

The majority of city residents will benefit	대다수의 도시 주민들은 혜택받을 것이다
from a better transportation system.	더 좋은 교통 시스템으로부터

085

Amazon sells these items for about $20 including the shipping ___________.

(A) figures
(B) values
(C) charges
(D) fares

▣ 출제 포인트

charge는 서비스 '요금'이라는 뜻과 '책임'이라는 뜻이 있다. free of charge '무료로'와 in charge of '책임지고 있는'의 덩어리 표현이 자주 출제된다. shipping charges '배송비용' 표현도 암기해 놓자. 참고로 fares는 '교통 요금'을 뜻한다. 정답 (C)

수평배열 독해

Amazon sells these items 아마존은 이 물건들을 판다 **for about $20** 약 20달러에 **including the shipping charges** 배송비를 포함해서.

수직배열 독해

Amazon sells these items	아마존은 이 물건들을 판다
for about $20	약 20달러에
including the shipping charges.	배송비를 포함해서

086

To get a more detailed ________ of our products, please call our regional office for the brochure.

(A) description
(B) requirement
(C) subscription
(D) information

▣ 출제 포인트

information을 정답으로 골랐을 것이다. 하지만 '정보' information은 셀 수 없는 명사이므로 부정관사 a를 쓸 수 없다. description은 서면상으로 제공되는 '설명'이라는 뜻일 때 셀 수 있는 명사로 사용된다. description은 주로 '직무 설명' job description 또는 '상세한' detailed 등과 어울려 출제된다. 정답 (A)

〓 수평배열 독해

To get 얻기 위해서 (뭘?) **a more detailed description** 더 자세한 설명을 **of our products,** 우리의 제품에 대한 **please call** 전화주세요 **our regional office** 우리의 지역 사무실로 **for the brochure** 안내 소책자를 위해서.

‖ 수직배열 독해

To get a more detailed description	더 자세한 설명을 얻기 위해서
of our products,	우리의 제품에 대한
please call our regional office	우리의 지역 사무실로 전화주세요
for the brochure.	안내 소책자를 위해서

087

The applicant expressed interest in a advertising job; however, the previous positions were __________ in accounting.

(A) exceptionally
(B) impossibly
(C) exclusively
(D) unclearly

▣ 출제 포인트

exclusively는 '독점적으로'라는 직역 의미보다는 '오직(=only)'이라는 의역된 뜻으로 알고 있어야 한다. available exclusively to members '오직 회원들만 이용 가능한'의 덩어리 표현으로 출제되는 경우가 많다. 정답 (C)

☰ 수평배열 독해

The applicant expressed interest 그 지원자는 관심을 표현했다 **in a advertising job** 광고 일에 **however,** 하지만 **the previous positions** 이전의 직책들은 **were exclusively in accounting** 오직 회계 부서에만 있었다.

‖ 수직배열 독해

The applicant expressed interest	그 지원자는 관심을 표현했다
in a advertising job;	광고 일에
however, the previous positions	하지만, 이전의 직책들은
were exclusively in accounting.	오직 회계 부서에만 있었다

088

Due to the financial problems, the museum's reopening will be postponed until further ___________.

(A) mark
(B) notice
(C) ability
(D) attention

출제 포인트

notice는 '공지, 통보'라는 의미의 명사뿐만 아니라 '알아차리다'라는 뜻의 동사로도 쓰인다. notify '~에게 통보하다'와 의미를 혼동하지 말자. until further notice '추후 공지가 있을 때까지' 또는 give two week's notice '2주 전에 통보를 하다'의 덩어리 표현으로 출제 된다. 정답 (B)

수평배열 독해

Due to the financial problems, 재정적인 문제들 때문에 **the museum's reopening** 박물관의 재개장이 **will be postponed** 연기될 것이다 **until further notice** 추후 공지가 있을 때까지.

수직배열 독해

Due to the financial problems,	재정적인 문제들 때문에
the museum's reopening will be postponed	박물관의 재개장이 연기될 것이다
until further notice.	추후 공지가 있을 때까지

089

The special lunch discount certificates cannot be used in conjunction with any other promotional ___________.

(A) offers
(B) suggestions
(C) approaches
(D) bids

출제 포인트

offer는 '제공, 제공하다'라는 뜻의 명사와 동사가 동시에 되는 단어이다. 명사로 쓰일 때 promotional offer는 홍보용으로 제공되는 '판촉 상품'과 job offer '일자리 제안'의 덩어리 표현으로 출제된다. 정답 (A)

수평배열 독해

The special lunch discount certificates 특별 점심 할인 상품권은 **cannot be used** 사용될 수 없다 **in conjunction** 결합해서 **with any other promotional offers** 어떤 다른 판촉 상품과 함께.

수직배열 독해

The special lunch discount certificates	특별 점심 할인 상품권은
cannot be used	사용될 수 없다
in conjunction with any other promotional offers.	다른 판촉 상품과 함께

090

A __________ receipt must be presented in order for a refund to be obtained.

(A) costly
(B) valid
(C) sincere
(D) lasting

▣ 출제 포인트

valid는 '유효한 영수증' valid receipt나 '~동안 유효하다'의 표현 'be valid for+기간'의 형태로 출제된다. 정답 (B)

二 수평배열 독해

A valid receipt 유효한 영수증이 **must be presented** 반드시 제시되어야 한다 **in order for a refund** 환불이 **to be obtained** 얻어지기 위해서.

‖ 수직배열 독해

A valid receipt must be presented	유효한 영수증이 제시되어야 한다
in order for a refund to be obtained.	환불이 되기 위해서

DAY 09
Daily Checkup

step 1 영어표현을 보고 한국말 뜻을 떠올리기

081	the majority of magazine subscribers	대다수의 잡지 구독자들
082	affordable appliances	저렴한 가전제품
083	in the area	그 지역에서
084	benefit from a better system	더 좋은 시스템으로부터 이익을 얻다
085	shipping charges	배송비
086	a more detailed description	더 자세한 설명
087	exclusively to members	오직 회원들에게만
088	until further notice	추후 공지가 있을 때까지
089	promotional offer	판촉 상품
090	valid receipt	유효한 영수증

step 2 한국말 뜻을 보고 영어표현을 떠올리기

081	대다수의 잡지 구독자들	the majority of magazine subscribers
082	저렴한 가전제품	affordable appliances
083	그 지역에서	in the area
084	더 좋은 시스템으로부터 이익을 얻다	benefit from a better system
085	배송비	shipping charges
086	더 자세한 설명	a more detailed description
087	오직 회원들에게만	exclusively to members
088	추후 공지가 있을 때까지	until further notice
089	판촉 상품	promotional offer
090	유효한 영수증	valid receipt

DAY 10

091

Any defective product returned within two weeks of purchase is considered under __________ and will be replaced free of charge.

(A) cover
(B) assistance
(C) certificate
(D) warranty

▣ 출제 포인트

warranty는 품질 '보증, 보증서'를 나타낸다. 주로 under warranty 상품 등이 품질 '보증 기간 중인'의 덩어리 표현으로 출제된다. 정답 (D)

수평배열 독해

Any defective product 어떤 결함 있는 제품 (어떤?) **returned within two weeks of purchase** 구매 2주 내에 반품된 **is considered** 고려 된다 **under warranty** 품질 보증 하에서 **and will be replaced** 그리고 교체될 것이다 **free of charge** 무료로.

수직배열 독해

Any defective product	어떤 결함 있는 제품
returned within two weeks of purchase	구매 2주 내에 반품된
is considered	고려 된다
under warranty	품질 보증 하에서
and will be replaced	그리고 교체될 것이다
free of charge.	무료로

092

The software company ________ its recent increase in profitability to the new vice president.

(A) accounts
(B) attributes
(C) accuses
(D) appraises

▣ 출제 포인트

attribute는 주로 'attribute A to B'의 형태로 'A의 원인을 B의 덕분으로 돌리다'의 형태로 출제된다. 정답 (B)

☰ 수평배열 독해

The software company attributes 그 소프트웨어 회사는 원인을 돌린다 **its recent increase** 최근의 증가를 **in profitability** 수익성에 있어서 **to the new vice president** 그 새로운 부사장님에게로.

||| 수직배열 독해

The software company attributes	그 소프트웨어 회사는 원인을 돌린다
its recent increase in profitability	수익성에 있어서 최근 증가를
to the new vice president.	새로운 부사장님에게로

093

The Wonder Resorts is currently seeking instructors capable ____________ all levels of skiers.

(A) of teaching
(B) to teach
(C) teaching
(D) teaches

▣ 출제 포인트

'할 수 있는, 능력이 있는' capable은 뒤에 전치사 of와 어울려 출제된다. 같은 의미의 able은 뒤에 to부정사가 나온다. 정답 (A)

〓 수평배열 독해

The Wonder Resorts 원더 리조트는 **is currently seeking instructors** 현재 강사들을 구하고 있다 **capable of teaching** 가르칠 능력이 있는 **all levels of skiers** 모든 수준의 스키를 타는 사람들을.

‖ 수직배열 독해

The Wonder Resorts	원더 리조트는
is currently seeking instructors	현재 강사들을 구하고 있다
capable of teaching all levels of skiers.	모든 수준의 스키어들을 가르칠 능력이 있는

094

Since our warehouse was filled to full ___________, we must dispose of the remainders at a significant discount.

(A) limitation
(B) capacity
(C) constraint
(D) restriction

▣ 출제 포인트

capacity는 담을 수 있는 '수용능력, 용량'을 의미한다. be filled to capacity '가득 차 있다'라는 표현으로 출제된다. 정답 (B)

〓 수평배열 독해

Since our warehouse was filled 왜냐하면 우리의 창고가 채워진 상태이기 때문에 **to full capacity,** 가득 찬 수용 능력까지 **we must dispose of the remainders** 우리는 나머지들을 처분해야 한다 **at a significant discount** 상당한 할인 가격에.

||| 수직배열 독해

Since our warehouse was filled	우리의 창고가 채워진 상태이기 때문에
to full capacity,	가득 찬 수용 능력까지
we must dispose of the remainders	우리는 나머지들을 처분해야 한다
at a significant discount.	상당한 할인 가격에

095

The airine will reimburse passengers for damaged baggage when complaints are received.

(A) Damaged
(B) Injured
(C) Wounded
(D) Impaired

▣ 출제 포인트

'손상된'을 뜻하는 damaged는 사물이 부서지거나 손상되었을 때 사용한다. injured는 사람이 사고 등으로 부상을 당한 경우에 사용한다. 정답 (A)

☰ 수평배열 독해

The airine will reimburse passengers 항공사는 승객들에게 배상할 것이다 **for damaged baggage** 손상된 수하물에 대해서 **when complaints are received** 불평들이 접수될 때.

▥ 수직배열 독해

The airine will reimburse passengers	항공사는 승객들에게 배상할 것이다
for damaged baggage	손상된 수하물에 대해서
when complaints are received.	불평이 접수되면

096

The two nations will enhance cooperation in energy saving projects to improve energy ____________ in the industial sector.

(A) reaction
(B) efficiency
(C) participation
(D) formulas

▣ 출제 포인트

'효율, 능률'을 뜻하는 efficiency는 office efficiency '사무 효율성' 또는 energy efficiency '에너지 효율성'의 복합명사 형태로 자주 출제된다. 정답 (B)

☰ 수평배열 독해

The two nations will enhance cooperation 그 두 나라는 협력을 강화할 것이다 **in energy saving projects** 에너지 절약 프로젝트에 있어서 **to improve energy efficiency** 에너지 효율성을 향상시키기 위해서 **in the industrial sector** 산업 분야에서.

||| 수직배열 독해

The two nations will enhance cooperation	그 두 나라는 협력을 강화할 것이다
in energy saving projects	에너지 절약 프로젝트에 있어서
to improve energy efficiency	에너지 효율성을 향상시키기 위해서
in the industrial sector.	산업 분야에서

097

The vacancy has been left open for too long, so it should be
_____________ soon.

(A) full
(B) filling
(C) fill
(D) filled

▣ 출제 포인트

fill은 빈 공간을 '채우다'라는 의미뿐만 아니라 fill in '작성하다'와 fill the vacancy '공석을 충원하다'라는 의미로 파생되어 출제된다. 정답 (D)

수평배열 독해

The vacancy has been left 그 공석이 남겨져 왔다 **open** 비어있는 상태로 **for too long,** 너무 오랫동안 **so it should be filled** 그래서 그것이 충원되어야 한다 **soon** 곧.

수직배열 독해

The vacancy has been left open	공석이 빈 상태로 있었다
for too long,	너무 오랫동안
so it should be filled soon.	그래서 곧 충원되어야 한다

098

Cotton is one of the most widely used __________ in the garment industry.

(A) ingredients
(B) patterns
(C) pieces
(D) materials

▣ 출제 포인트

material은 제품을 만들 때 쓰는 '재료'를 의미하고 ingredient는 음식을 만드는 데 쓰는 '재료'를 뜻한다. 정답 (D)

☰ 수평배열 독해

Cotton is 목화는 **one of the most widely used materials** 가장 널리 사용되는 재료들 중의 하나이다 **in the garment industry** 의류 산업에서.

‖ 수직배열 독해

Cotton is one of the most widely used materials	목화는 가장 널리 사용되는 재료들 중에 하나다
in the garment industry.	의류 산업에서

099

Safety ____________ must be taken by every researcher while experimenting with very dangerous chemicals.

(A) preparations
(B) prescriptions
(C) indication
(D) precautions

출제 포인트

precaution은 어떤 위험에 대비해 미리 취하는 '예방조치'를 의미하는 단어이다. safety precautions '안전 예방조치'라는 복합명사로 출제된다. take a precaution '예방조치를 취하다'도 덩어리 표현으로 기억해 두자. 정답 (D)

수평배열 독해

Safety precautions must be taken 안전 예방조치들이 반드시 취해져야 한다 **by every researcher** 모든 연구자들에 의해서 **while experimenting** 실험하는 동안 **with very dangerous chemicals** 매우 위험한 화학제품들을 가지고.

수직배열 독해

Safety precautions must be taken	안전 예방조치들이 취해져야 한다
by every researcher	모든 연구자들에 의해서
while experimenting	실험하는 동안
with very dangerous chemicals.	매우 위험한 화학제품들을 가지고

100

Please remind all supervisors that factory accidents can be ________ if all new workers are informed of proper safety procedures.

(A) restrained
(B) prevented
(C) forbidden
(D) hesitated

출제 포인트

prevent는 어떤 일이 발생할 것을 예방 차원에서 막을 때 쓰이는 단어이다. '누가 ~하는 것을 막다' prevent A from ~ing의 형태로 출제된다. 정답 (B)

수평배열 독해

Please remind all supervisors that 모든 감독자들에게 상기시켜 주세요 (뭘?) **factory accidents can be prevented** 공장 사고들이 예방될 수 있다는 것을 **if all new workers are informed** 만약 모든 새로운 직원들이 잘 알고 있다면 **of proper safety procedures** 적절한 안전 절차들에 대해서.

수직배열 독해

Please remind all supervisors that	모든 감독자들에게 상기시켜주세요
factory accidents can be prevented	공장 사고들이 예방될 수 있다
if all new workers are informed	만약 모든 새 직원들이 잘 알고 있다면
of proper safety procedures.	적절한 안전 절차들에 대해서

DAY 10
Daily Checkup

step 1 영어표현을 보고 한국말 뜻을 떠올리기

091	under warranty	품질 보증 기간 중인
092	attribute A to B	A의 원인을 B의 덕분으로 돌리다
093	capable of teaching	가르칠 능력이 있는
094	full capacity	가득 찬 수용 능력
095	damaged baggage	손상된 수하물
096	energy efficiency	에너지 효율성
097	fill the vacancy	공석을 충원하다
098	widely used materials	널리 사용되는 재료들
099	safety precautions	안전 예방조치들
100	can be prevented	예방될 수 있다

step 2 한국말 뜻을 보고 영어표현을 떠올리기

091	품질 보증 기간 중인	under warranty
092	A의 원인을 B의 덕분으로 돌리다	attribute A to B
093	가르칠 능력이 있는	capable of teaching
094	가득 찬 수용 능력	full capacity
095	손상된 수하물	damaged baggage
096	에너지 효율성	energy efficiency
097	공석을 충원하다	fill the vacancy
098	널리 사용되는 재료들	widely used materials
099	안전 예방조치들	safety precautions
100	예방될 수 있다	can be prevented

DAY 11

101

It is essential that all safety equipment be inspected every 90 days to ensure it operates ____________.

(A) urgently
(B) properly
(C) exclusively
(D) valuably

▣ 출제 포인트

'제대로, 적절하게' properly는 주로 자동사 'work 일하다, function 기능하다, operate 작동하다'를 수식하는 부사로 출제된다. 정답 (B)

〓 수평배열 독해

It is essential that 그것은 필수적이다 (그게 뭔데?) **all safety equipment be inspected** 모든 안전 장비들이 점검되어야 한다는 것이 **every 90 days** 매 90일 마다 **to ensure** 확실하게 하기위해서 (뭘?) **it operates properly** 그게 제대로 작동한다는 것을.

‖ 수직배열 독해

It is essential that	그것은 필수적이다
all safety equipment be inspected	모든 안전 장비들이 점검되어야 한다는 것이
every 90 days	매 90일 마다
to ensure it operates properly.	제대로 작동한다는 것을 확실하게 하기위해서

102

Our company's most important task is to provide ______________ information to our clients throughout the country.

(A) accurate
(B) earnest
(C) dignified
(D) outspoken

출제 포인트

accurate은 '정확한'이란 뜻이다. inaccurate은 '부정확한'이라는 뜻이다. 덩어리 표현 accurate information '정확한 정보'를 암기하자. 정답 (A)

수평배열 독해

Our company's most important task 우리 회사의 가장 중요한 업무는 **is to provide accurate information** 정확한 정보를 제공하는 것이다 **to our clients** 우리의 고객들에게 **throughout the country** 전국에 걸쳐있는.

수직배열 독해

Our company's most important task	우리 회사의 가장 중요한 업무는
is to provide accurate information	정확한 정보를 제공하는 것이다
to our clients	우리의 고객들에게
throughout the country.	전국에 걸쳐있는

103

Mr. Lee's presentation helped us to __________ our research into a few areas we had been ignoring.

(A) multiply
(B) dilate
(C) impress
(D) broaden

▣ 출제 포인트

broaden은 어떤 지식이나 영역을 '넓히다'라는 의미를 나타낼 때 쓰이는 단어이다. multiply는 수나 양을 증가시킬 때 사용하는 단어이다. 정답 (D)

☰ 수평배열 독해

Mr. Lee's presentation helped us 미스터리의 발표는 우리를 도왔다 **to broaden our research** 우리의 연구를 넓힐 수 있도록 **into a few areas** 몇몇 분야들로 **we had been ignoring** 우리가 무시해 왔었던.

||| 수직배열 독해

Mr. Lee's presentation helped us	미스터리의 발표는 우리를 도왔다
to broaden our research	우리의 연구를 넓힐 수 있도록
into a few areas we had been ignoring.	우리가 무시해 왔었던 몇몇 분야로

104

Before purchasing software programs, customers need to consider whether the products are ______________ with their existing systems.

(A) compatible
(B) undeniable
(C) favorable
(D) amenable

▣ 출제 포인트

'호환 가능한' compatible은 전치사 with와 함께 쓰인다. **정답 (A)**

〓 수평배열 독해

Before purchasing 구매하기 전에 (뭘?) **software programs,** 소프트웨어 프로그램들을 **customers need to consider** 고객들은 고려할 필요가 있다 (뭘?) **whether the products are compatible** 그 제품들이 호환 가능한지 아닌지를 **with their existing systems** 그들의 기존의 시스템들과.

‖ 수직배열 독해

Before purchasing software programs,	소프트웨어 프로그램을 구매하기 전에
customers need to consider	고객들은 고려할 필요가 있다
whether the products are compatible	제품들이 호환 가능한지 아닌지를
with their existing systems.	기존의 시스템과

105

The ____________ of the new product has been completed thanks to the collaborative effort of each department.

(A) development
(B) environment
(C) component
(D) incident

▣ 출제 포인트

'발전' development는 주로 development of '~의 발전' 또는 development in '~에서의 발전'의 형태로 자주 출제된다. under development '개발 중' 덩어리 표현도 함께 알아두자. 정답 (A)

☰ 수평배열 독해

The development of the new product 새로운 제품의 개발이 **has been completed** 완성되었다 **thanks to the collaborative effort** 협력적인 노력 덕분에 **of each department** 각 부서의.

||| 수직배열 독해

The development of the new product	새로운 제품의 개발이
has been completed	완성되었다
thanks to the collaborative effort	협력적인 노력 덕분에
of each department.	각 부서의

106

Because the exhibition held at Kent Gallery ____________ photographs taken in Russia, it attracted a lot of visitors.

(A) appeared
(B) achieved
(C) featured
(D) founded

▣ 출제 포인트

feature는 사물이나 사람의 외형상 두드러진 특징을 나타낸다. 명사로는 '특징, 특색, 특집기사'라는 뜻이고, 동사로는 '특징으로 삼다, 특별히 포함하다'라는 뜻이다. 정답 (C)

〓 수평배열 독해

Because the exhibition 왜냐하면 그 전시회 (어떤?) **held at Kent Gallery** 켄트 미술관에서 열린 그 전시회는 **featured photographs** 사진들을 특별히 포함했기 때문에 **taken in Russia,** 러시아에서 찍힌 **it attracted a lot of visitors** 그것은 많은 방문객들을 끌어모았다.

∥ 수직배열 독해

Because the exhibition held at Kent Gallery	왜냐하면 켄트 미술관에서 열린 전시회가
featured photographs taken in Russia,	러시아에서 찍은 사진들을 포함했기 때문에
it attracted a lot of visitors.	전시회는 많은 방문객들을 끌어모았다

107

The tentative plan is scheduled to be confirmed ____________ the committee's final approval.

(A) follows
(B) follow
(C) following
(D) followed

▣ 출제 포인트

'따르다' follow 뒤에 ~ing가 붙어 following이 되면 '~후에'라는 뜻의 전치사가 된다. 정답 (C)

〓 수평배열 독해

The tentative plan is scheduled 잠정적인 계획이 일정 잡혀있다 **to be confirmed** 확정되기로 **following the committee's final approval** 위원회의 최종 승인 후에.

||| 수직배열 독해

The tentative plan is scheduled	잠정적인 계획이 일정이 잡혀있다
to be confirmed	확정되기로
following the committee's final approval.	위원회의 최종 승인 후에

108

Cabin Technologies will be __________ a press conference to publicize the launch of their new product.

(A) holding
(B) openly
(C) online
(D) into

▣ 출제 포인트

hold는 손으로 무언가를 '잡다'라는 뜻이다. 토익 시험에서는 행사나 회의를 '열다, 개최하다'라는 뜻으로 자주 나온다. **정답 (A)**

☰ 수평배열 독해

Cabin Technologies will be holding 케빈 테크놀로지사는 열 것이다 (뭘?) **a press conference** 기자 회견을 **to publicize** 홍보하기 위해서 (뭘?) **the launch of their new product** 그들의 새로운 제품의 출시를.

||| 수직배열 독해

Cabin Technologies will be holding a press conference	케빈 테크놀로지사는 기자회견을 열 것이다
to publicize the launch of their new product.	새로운 제품의 출시를 홍보하기 위해서

109

An ______________ large number of customers place their orders online rather than by telephone.

(A) extremely
(B) consecutively
(C) highly
(D) increasingly

출제 포인트

increase는 '증가, 증가하다'에서 파생된 부사 increasingly는 '점점, 더욱더'라는 뜻이다. increasingly popular '점점 더 인기 있는' 덩어리 표현으로 출제된다. 정답 (D)

수평배열 독해

An increasingly large number of customers 점점 더 많은 수의 고객들이 **place their orders** 그들의 주문들을 한다 **online** 온라인상으로 **rather than by telephone** 전화로 보다는.

수직배열 독해

An increasingly large number of customers	점점 더 많은 수의 고객들이
place their orders online	온라인상으로 주문을 한다
rather than by telephone.	전화로 보다는

110

For ____________ product test results, the following test procedures must be followed.

(A) reliant
(B) reliable
(C) reliably
(D) reliability

▣ 출제 포인트

reliable은 '신뢰할 수 있는'이라는 뜻이고, reliant는 '의존하는'이라는 뜻으로 두 단어의 의미를 구별할 수 있어야 한다. 정답 (B)

수평배열 독해

For reliable product test results, 신뢰할 수 있는 제품 테스트 결과들을 위해서 **the following test procedures** 다음의 테스트 절차들이 **must be followed** 반드시 따라져야 한다.

수직배열 독해

For reliable product test results,	신뢰할 수 있는 제품 테스트 결과를 위해
the following test procedures	다음의 테스트 절차들이
must be followed.	반드시 지켜져야 한다

DAY 11
Daily Checkup

step 1 영어표현을 보고 한국말 뜻을 떠올리기

101	operate properly	제대로 작동하다
102	accurate information	정확한 정보
103	broaden our research	우리의 연구를 넓히다
104	compatible with the existing systems	기존의 시스템들과 호환 가능한
105	the development of the new product	새로운 제품의 개발
106	feature Russian photographs	러시아 사진들을 특별히 포함하다
107	following the final approval	최종 승인 후에
108	hold a press conference	기자 회견을 열다
109	An increasingly large number of customers	점점 더 많은 수의 고객들
110	reliable product test results	신뢰할 수 있는 제품 테스트 결과

step 2 한국말 뜻을 보고 영어표현을 떠올리기

101	제대로 작동하다	operate properly
102	정확한 정보	accurate information
103	우리의 연구를 넓히다	broaden our research
104	기존의 시스템들과 호환 가능한	compatible with the existing systems
105	새로운 제품의 개발	the development of the new product
106	러시아 사진들을 특별히 포함하다	feature Russian photographs
107	최종 승인 후에	following the final approval
108	기자 회견을 열다	hold a press conference
109	점점 더 많은 수의 고객들	An increasingly large number of customers
110	신뢰할 수 있는 제품 테스트 결과	reliable product test results

DAY 12

111

This latest model CD player is far __________ to its previous one.

(A) superior
(B) exceptional
(C) improved
(D) incomparable

▣ 출제 포인트

'~보다 우수한' superior는 전치사 to를 쓴다. to대신 than을 쓰지 않도록 주의하자. 반의어 '~보다 열등한' inferior to도 함께 알아두자. 정답 (A)

수평배열 독해

This latest model CD player 이 최신 모델 CD 플레이어가 **is far superior** 훨씬 더 우수하다 **to its previous one** 이전의 것 보다.

수직배열 독해

This latest model CD player	이 최신 모델 CD 플레이어가
is far superior to its previous one.	이전의 것 보다 훨씬 더 우수하다

112

To demonstrate our ___________ to product quality, safety and efficacy, we have implemented health quality assurance program.

(A) remittance
(B) commitment
(C) endurance
(D) speculation

▣ 출제 포인트

'헌신, 전념' commitment는 전치사 to와 함께 자주 출제된다. 동의어 dedication이나 devotion도 전치사 to와 어울려 쓰인다. 정답 (B)

수평배열 독해

To demonstrate our commitment 우리의 헌신을 보여주기 위해서 **to product quality, safety and efficacy,** 제품 품질, 안전, 그리고 효능에 대한 **we have implemented** 우리는 시행해왔다 (뭘?) **health quality assurance program** 건강 품질 보장 프로그램을.

수직배열 독해

To demonstrate our commitment	우리의 헌신을 보여주기 위해서
to product quality, safety and efficacy,	제품 품질, 안전, 그리고 효능에 대한
we have implemented	우리는 시행해왔다
health quality assurance program.	건강 품질 보장 프로그램을

113

Air traveler's frequent __________ is that the overhead compartments are too small.

(A) opinion
(B) complaint
(C) thought
(D) ability

▣ 출제 포인트

complain은 '불평하다'라는 뜻의 동사이고, complaint는 '불평'이라는 뜻의 명사이다. 동사와 명사의 형태를 잘 구분해서 외워야 한다. 정답 (B)

☰ 수평배열 독해

Air traveler's frequent complaint is that 항공 여행객들의 빈번한 불평은 **the overhead compartments are too small** 머리 위 짐칸들이 너무 작다는 것이다.

||| 수직배열 독해

Air traveler's frequent complaint is that	항공 여행객들의 빈번한 불평은
the overhead compartments are too small.	머리 위 짐칸이 너무 작다는 것이다

114

We will continue our effort because customer's ____________ satisfaction is our top priority.

(A) wholly
(B) complete
(C) all
(D) totally

▣ 출제 포인트

complete는 동사뿐만 아니라 형용사로도 쓰인다. 동사로는 '완성하다, 완료하다'라는 뜻이고 형용사는 '완료된, 완성된, 완전한'이라는 뜻이다. 특히 설문조사나 신청서 등을 목적어로 취하면 '작성하다'라는 뜻이 된다. 정답 (B)

수평배열 독해

We will continue our effort 우리는 우리의 노력을 계속할 것이다 **because customer's complete satisfaction** 왜냐하면 고객의 완전한 만족이 **is our top priority** 우리의 최고 우선순위이기 때문이다.

수직배열 독해

We will continue our effort	우리는 노력을 계속할 것이다
because customer's complete satisfaction	왜냐하면 고객의 완전한 만족이
is our top priority.	우리의 최고 우선순위이기 때문이다

115

A local newspaper article was highly __________ of the politician.

(A) critical
(B) critic
(C) critically
(D) criticism

▣ 출제 포인트

critic은 형용사처럼 보이지만 '비평가'라는 뜻의 사람명사이다. '비판적인' critical은 전치사 of와 어울려 쓰인다. 정답 (A)

☰ 수평배열 독해

A local newspaper article 지역 신문 기사는 **was highly critical** 매우 비판적 이였다 **of the politician** 그 정치가에 대해서.

‖ 수직배열 독해

A local newspaper article	지역 신문 기사는
was highly critical	매우 비판적 이였다
of the politician.	그 정치가에 대해서

116

Course ______________ should be completed at the end of training session and submitted to the manager.

(A) evaluative
(B) evaluated
(C) evaluators
(D) evaluations

▣ 출제 포인트

evaluation은 '평가'라는 뜻의 추상명사이다. 사람명사 evaluator '평가자'와 구별하는 문제로 출제된다. course evaluation '강의 평가'나 performance evaluation '실적 평가'와 같은 복합명사로 자주 출제된다. 정답 (D)

수평배열 독해

Course evaluation should be completed 강의 평가가 작성되어야 한다 **at the end of training session** 연수회의 마지막에 **and submitted** 그리고 제출되어야 한다 **to the manager** 매니저에게.

수직배열 독해

Course evaluation should be completed	강의 평가가 작성되어야 한다
at the end of training session	연수회의 마지막에
and submitted to the manager.	그리고 매니저에게 제출되어야 한다

117

We apologize for the ______________ and the problem is being corrected.

(A) inclination
(B) increment
(C) inconvenience
(D) incentive

▣ 출제 포인트

inconvenience는 '불편'이라는 뜻으로 apologize for '~대해 사과하다' 등의 동사와 어울려 출제된다. 정답 (C)

☰ 수평배열 독해

We apologize 저희는 사과드립니다 **for the inconvenience** 불편함에 대해 **and the problem is being corrected** 그리고 그 문제가 수정 되고 있는 중입니다.

Ⅱ 수직배열 독해

We apologize for the inconvenience	불편에 대해 사과드립니다
and the problem is being corrected.	문제가 수정 중입니다

118

Tenants who plan to evacuate the property before the lease expires must send a written ____________ of their plans.

(A) introduction
(B) distinction
(C) notification
(D) ommission

▣ 출제 포인트

'통지' notification은 전치사 of와 함께 쓰여 '~에 대한 통지'라는 뜻으로 출제된다. written notification '서면 통지' 덩어리 표현도 함께 암기해 두자. 정답 (C)

수평배열 독해

Tenants 세입자들 (어떤?) **who plan to evacuate the property** 건물을 나가려고 계획하는 세입자들은 **before the lease expires** 계약이 만기가 되기 전에 **must send a written notification** 반드시 서면 통지서를 보내야 한다 **of their plans** 그들의 계획에 대해서.

수직배열 독해

Tenants who plan to evacuate the property	건물을 나가려고 계획하는 세입자들은
before the lease expires	계약이 만기가 되기 전에
must send a written notification	반드시 서면 통지서를 보내야 한다
of their plans.	그들의 계획에 대해서

119

Because the copy machine had been purchased so recently, the company agreed to ________ the faulty part with a new one.

(A) replace
(B) remove
(C) repair
(D) reproduce

▣ 출제 포인트

replace A with B는 'A를 B로 교체하다'라는 뜻으로 교체되는 대상이 바로 뒤에 목적어로 나온다. 명사 replacement는 '교환품'이라는 뜻뿐만 아니라, 사람명사로 '후임자'라는 의미로도 쓰인다는 것을 꼭 알아두자. 정답 (A)

수평배열 독해

Because the copy machine 왜냐하면 그 복사기가 **had been purchased** 구매되었었기 때문에 **so recently,** 매우 최근에 **the company agreed** 그 회사는 동의했다 (뭘?) **to replace the faulty part** 잘못된 부품을 교체해 주는 것을 **with a new one** 새로운 것으로.

수직배열 독해

Because the copy machine	왜냐하면 복사기가
had been purchased	구매되었었기 때문에
so recently,	매우 최근에
the company agreed	회사는 동의했다
to replace the faulty part	잘못된 부품을 교체해 주기로
with a new one.	새로운 것으로

120

If any problems with the product should occur, please __________ promptly to questions from customers.

(A) answer
(B) inquire
(C) respond
(D) request

▣ 출제 포인트

의미는 같지만 쓰임이 다른 자동사와 타동사를 구별하는 문제이다. '응답하다' respond는 뒤에 전치사 to가 나온다. 하지만 '대답하다' answer는 전치사 없이 바로 목적어가 나와야 한다. 정답 (C)

☰ 수평배열 독해

If any problems with the product 만약 그 제품에 대한 어떤 문제들이라도 **should occur,** 혹시 발생한다면 **please respond promptly to questions** 신속하게 질문들에 응답해주세요 **from customers** 고객들로부터 온.

||| 수직배열 독해

If any problems with the product should occur,	만약 제품에 문제가 발생하면
please respond promptly to questions	신속히 질문에 답해주세요
from customers.	고객들로부터 온

DAY 12
Daily Checkup

step 1 영어표현을 보고 한국말 뜻을 떠올리기

111	superior to the previous model	이전의 모델보다 더 우수한
112	commitment to product quality	제품 품질에 대한 헌신
113	frequent complaint	빈번한 불평
114	complete satisfaction	완전한 만족
115	highly critical of the politician	그 정치가에 대해서 매우 비판적인
116	course evaluation	강의 평가
117	We apologize for the inconvenience.	불편에 대해 사과드립니다.
118	written notification	서면 통지
119	replace the faulty part with a new one	잘못된 부품을 새로운 것으로 교체하다
120	respond to the questions	질문에 대답하다

step 2 한국말 뜻을 보고 영어표현을 떠올리기

111	이전의 모델보다 더 우수한	superior to the previous model
112	제품 품질에 대한 헌신	commitment to product quality
113	빈번한 불평	frequent complaint
114	완전한 만족	complete satisfaction
115	그 정치가에 대해서 매우 비판적인	highly critical of the politician
116	강의 평가	course evaluation
117	불편에 대해 사과드립니다.	We apologize for the inconvenience.
118	서면 통지	written notification
119	잘못된 부품을 새로운 것으로 교체하다	replace the faulty part with a new one
120	질문에 대답하다	respond to the questions

DAY 13

121

Please examine the attached document to verify that seating in the banquet hall has been arranged to your ____________.

(A) satisfactory
(B) satisfy
(C) satisfaction
(D) satisfactorily

▣ 출제 포인트

satisfaction은 '만족'이라는 뜻의 명사이고, satisfactory는 '만족스러운'이란 뜻의 형용사이다. customer satisfaction '고객 만족'이나 to your satisfaction '당신이 만족스럽게도'와 같은 표현이 출제된다. 정답 (C)

수평배열 독해

Please examine 검토하세요 (뭘?) **the attached document** 첨부된 서류를 **to verify that** 확인하기 위해서 (뭘?) **seating in the banquet hall** 연회장에 좌석배치가 **has been arranged** 배열되어 있는지를 **to your satisfaction** 당신이 만족스럽게.

수직배열 독해

Please examine the attached document	첨부된 서류를 검토하세요
to verify that	확인하기 위해서
seating in the banquet hall	연회장에 좌석배치가
has been arranged	배열되어 있는지를
to your satisfaction.	당신이 만족스럽게

122

When your order is placed, please note that it will take ______ 2 weeks for the order to be processed.

(A) dramatically
(B) approximately
(C) deliberately
(D) consciously

출제 포인트

숫자 앞에 빈칸이 있을 때 '대략' approximately가 정답으로 자주 출제된다. 정답 (B)

수평배열 독해

When your order is placed, 귀하의 주문이 되었을 때 **please note that** 명심하세요 (뭘?) **it will take approximately 2 weeks** 대략 2주가 걸린다는 것을 **for the order** 주문이 **to be processed** 처리되려면.

수직배열 독해

When your order is placed,	주문이 되었을 때
please note that	명심하세요
it will take approximately 2 weeks	대략 2주가 걸린다
for the order to be processed.	주문이 처리되려면

123

The ______ contains photographs and descriptions of all accommodations in the area.

(A) textbook
(B) guideline
(C) biography
(D) brochure

▣ 출제 포인트

brochure는 어떤 설명을 담은 홍보용 팸플릿 '소책자'를 의미하고, guideline은 정책 등에 대한 '지침'을 의미한다. 정답 (B)

수평배열 독해

The brochure contains 그 안내 소책자는 포함한다 (뭘?) **photographs and descriptions** 사진들과 설명들을 **of all accommodations** 모든 숙박 시설들에 대한 **in the area** 그 지역에 있는.

수직배열 독해

The brochure contains	그 소책자는 포함한다
photographs and descriptions	사진들과 설명들을
of all accommodations	모든 숙박 시설들에 대한
in the area.	그 지역에 있는

124

An energy management system will be developed to efficiently utilize the ___________ energy sources such as solar, hydrogen, and wind power.

(A) diverse
(B) perished
(C) opened
(D) materialistic

▣ 출제 포인트

diverse는 '다양한'이라는 뜻으로 뒤에 복수명사가 나와야 한다. 명사 diversity '다양성'과 품사를 구별하는 문제로도 출제된다. 정답 (A)

☰ 수평배열 독해

An energy management system 에너지 관리 시스템이 **will be developed** 개발될 것이다 **to efficiently utilize** 효율적으로 활용하기 위해서 (뭘?) **the diverse energy sources** 다양한 에너지원들을 **such as solar, hydrogen, and wind power** 예를 들면 태양, 수소, 그리고 풍력과 같은.

||| 수직배열 독해

An energy management system	에너지 관리 시스템이
will be developed	개발 될 것이다
to efficiently utilize	효율적으로 활용하기 위해서
the diverse energy sources	다양한 에너지원들을
such as solar, hydrogen, and wind power.	태양, 수소, 그리고 풍력과 같은

125

The Rocky Mountains region is considered the most __________ scenery in the United States.

(A) enormous
(B) wide
(C) dramatic
(D) deep

출제 포인트

dramatic은 '멋진, 극적인'이란 뜻으로 dramatic scenery '멋진 경치'나 dramatic increase '급격한 증가'와 같은 덩어리 표현으로 자주 출제된다. 정답 (C)

수평배열 독해

The Rocky Mountains region is considered 록키 산맥 지역은 여겨진다 **the most dramatic scenery** 가장 멋진 경치로 **in the United States** 미국에서.

수직배열 독해

The Rocky Mountains region is considered	록키 산맥 지역은 여겨진다
the most dramatic scenery	가장 멋진 경치로
in the United States.	미국에서

126

The annual conference will be held at the newly renovated hotel _______________ in Ottawa.

(A) located
(B) locates
(C) locate
(D) locating

출제 포인트

locate는 '무엇을 위치시키다' 또는 어떤 물건이나 건물의 정확한 위치를 '찾아내다'라는 뜻의 타동사이다. 전치사 in, at, on 등과 함께 쓰여 주로 수동태의 표현으로 자주 출제된다. conveniently located '편리하게 위치된'의 덩어리 표현이 자주 출제된다. 정답 (A)

수평배열 독해

The annual conference will be held 연례 회의가 열릴 것이다 **at the newly renovated hotel** 새롭게 수리된 호텔에서 **located in Ottawa** 오타와에 위치된.

수직배열 독해

The annual conference will be held	연례 회의가 열릴 것이다
at the newly renovated hotel	새롭게 수리된 호텔에서
located in Ottawa.	오타와에 위치된

127

Guided ______________ are offered weekends every hour on the hour between 10:00 A.M. and 6:00 P.M.

(A) tours
(B) reservations
(C) attractions
(D) motions

▣ 출제 포인트

guided tour '가이드를 동반한 여행' 덩어리 표현을 암기하자. 정답 (A)

수평배열 독해

Guided tours are offered 가이드를 동반한 투어가 제공된다 **weekends** 주말마다 **every hour on the hour** 매시간 정각에 **between 10:00 A.M. and 6:00 P.M** 오전 10에서 오후 6시 사이에.

수직배열 독해

Guided tours are offered	가이드를 동반한 투어가 제공된다
weekends every hour on the hour	주말마다 매시간 정각에
between 10:00 A.M. and 6:00 P.M.	오전 10에서 오후 6시 사이에

128

Because the projector was ________, Mr. Lee was unable to show his slides during the presentation.

(A) composed
(B) unavailable
(C) underdeveloped
(D) respectable

▣ 출제 포인트

토익에서 가장 중요한 단어 중의 하나는 available이다. 뜻은 '이용 가능한, 구입 가능한, 시간이 나는'이라는 뜻이다. 정답 (B)

═ 수평배열 독해

Because the projector 왜냐하면 프로젝터가 **was unavailable,** 이용 가능하지 않았기 때문에 **Mr. Lee was unable to show** 미스터리는 보여줄 수 없었다 (뭘?) **his slides** 그의 슬라이드들을 **during the presentation** 발표 동안에.

‖ 수직배열 독해

Because the projector was unavailable,	프로젝터가 이용 가능하지 않았기 때문에
Mr. Lee was unable to show his slides	미스터리는 슬라이드들을 보여줄 수 없었다
during the presentation.	발표 동안에

129

Personnel director, Mr. Lee has __________ access to the performance evaluation files.

(A) unlimited
(B) unlicensed
(C) undeliverable
(D) undecided

▣ 출제 포인트

'무제한의' unlimited는 주로 access '접근 권한'이나 mileage '마일리지'와 같은 명사와 어울려 출제된다. 정답 (A)

☰ 수평배열 독해

Personnel director, Mr. Lee 인사과 책임자 미스터리는 **has unlimited access** 무제한적인 접근 권한을 가지고 있다 **to the performance evaluation files** 업무 평가 파일들에 대한.

‖ 수직배열 독해

Personnel director, Mr. Lee	인사과 책임자 미스터리는
has unlimited access	자유로운 접근 권한이 있다
to the performance evaluation files.	업무 평가 파일에

130

If you are in ____________ with the terms and conditions set out above, click the "I ACCEPT" button.

(A) contentment
(B) agreement
(C) placement
(D) development

▣ 출제 포인트

agreement는 '동의→합의→계약서'라는 뜻으로 의미가 파생되어 간다. terms는 '기간, 용어, 조건'이라는 3가지 뜻이 있다. 여기서는 계약 조건이라는 의미로 쓰였다. 정답 (B)

수평배열 독해

If you are in agreement 만약 당신이 동의한다면 **with the terms and conditions** 계약 조건들에 대해서 **set out above,** 위에 제시되어있는 **click the "I ACCEPT" button** "나는 수락합니다" 버튼을 누르세요.

수직배열 독해

If you are in agreement	만약 당신이 동의한다면
with the terms and conditions	계약 조건들에 대해서
set out above,	위에 제시되어있는
click the "I ACCEPT" button.	"나는 수락합니다" 버튼을 누르세요

DAY 13
Daily Checkup

step 1 영어표현을 보고 한국말 뜻을 떠올리기

121	to your satisfaction	당신이 만족스럽게도
122	approximately 2 weeks	대략 2주
123	brochure	안내 소책자
124	diverse energy sources	다양한 에너지원들
125	dramatic scenery	멋진 경치
126	located in Ottawa	오타와에 위치된
127	guided tour	가이드를 동반한 여행
128	unavailable	이용 가능 하지 않은
129	unlimited access	무제한적인 접근
130	agreement with the terms and conditions	계약 조건들에 대한 동의

step 2 한국말 뜻을 보고 영어표현을 떠올리기

121	당신이 만족스럽게도	to your satisfaction
122	대략 2주	approximately 2 weeks
123	안내 소책자	brochure
124	다양한 에너지원들	diverse energy sources
125	멋진 경치	dramatic scenery
126	오타와에 위치된	located in Ottawa
127	가이드를 동반한 여행	guided tour
128	이용 가능 하지 않은	unavailable
129	무제한적인 접근	unlimited access
130	계약 조건들에 대한 동의	agreement with the terms and conditions

DAY 14

131

It is necessary for all workers to work __________ to achieve our goals.

(A) innocently
(B) suddenly
(C) collaboratively
(D) needlessly

▣ 출제 포인트

labor는 '노동, 일하다'라는 뜻이다. collaborate '공동으로 일하다' 즉, '협력하다'라는 뜻이다. 여러 사람이 힘을 합쳐 어떤 일을 '협력해서 함께 일하다' work collaboratively를 덩어리 표현으로 암기하자. 정답 (C)

수평배열 독해

It is necessary 그것은 필요하다 (그게 뭔데?) **for all workers** 모든 직원들이 **to work collaboratively** 협력해서 일하는 것이 **to achieve our goals** 우리의 목표들을 성취하기 위해서.

수직배열 독해

It is necessary	그것은 필요하다
for all workers	모든 직원들이
to work collaboratively	협력해서 일하는 것이
to achieve our goals.	목표를 성취하기 위해

132

We are very pleased to announce that an award will be created in honor of the ________ of the associate.

(A) founder
(B) found
(C) founding
(D) foundation

▣ 출제 포인트

추상명사 foundation '토대, 기초'와 사람명사 founder '설립자'를 구별하는 문제로 출제된다. 정답 (A)

수평배열 독해

We are very pleased 우리는 매우 기쁩니다 **to announce that** 알리게 되어서 (뭘?) **an award will be created** 상이 만들어질 거라는 것을 **in honor of the founder** 창립자를 기리기 위해서 **of the associate** 협회의.

수직배열 독해

We are very pleased to announce that	우리는 알리게 되어서 매우 기쁩니다
an award will be created	상이 만들어질 것입니다
in honor of the founder of the associate.	협회의 창립자를 기리기 위해서

133

He had lived illegally in the United States for five years after his visitor's visa ____________.

(A) submitted
(B) violated
(C) expired
(D) invalidated

▣ 출제 포인트

expire는 자동사로 계약, 할인, 납부 기한 등이 정해진 일정 시간을 넘겨 '만기가 되다'라는 의미로 쓰인다. invalidate는 타동사로 계약, 법 등을 의도적으로 '무효화 하다'라는 뜻이다. 정답 (C)

수평배열 독해

He had lived 그는 살아왔었다 **illegally** 불법적으로 **in the United States** 미국에서 **for five years** 5년 동안 **after his visitor's visa expired** 그의 방문자 비자가 만기 된 이후.

수직배열 독해

He had lived illegally	그는 불법적으로 살아왔었다
in the United States	미국에서
for five years	5년 동안
after his visitor's visa expired.	방문자 비자가 만기 된 이후

134

It is ____________ that confidentiality agreements be signed at least a month prior to the project start date.

(A) decisive
(B) willing
(C) imperative
(D) resourceful

▣ 출제 포인트

It is 다음에 빈칸이 있을 때 VIPS 형용사, 즉 vital, important, imperative, essential, necessary가 나오면 정답이다. imperative는 '반드시 해야 하는' 뜻의 형용사이므로 접속사 that 다음에 조동사 should를 생략하고 동사원형이 나온다. 정답 (C)

☰ 수평배열 독해

It is imperative that 그것은 필수적이다 (그게 뭔데?) **confidentiality agreements be signed** 기밀 계약서가 서명되어야 한다는 것이 **at least a month** 적어도 한 달 **prior to the project start date** 프로젝트 시작 날짜 전에.

||| 수직배열 독해

It is imperative that	그것은 필수적이다
confidentiality agreements be signed	기밀 계약서가 서명되어야 한다
at least a month	적어도 한 달
prior to the project start date.	프로젝트 시작 날짜 전에

135

Many people will ________ resist the changes but a well planned and managed project can help alleviate many of the problems.

(A) initially
(B) newly
(C) diversely
(D) nearly

▣ 출제 포인트

보기의 뜻은 다음과 같다. (A) initially 처음에, (B) newly 새롭게, (C) diversely 다양하게, (D) nearly 거의. 빠르고 정확하게 해석할 수 있는 능력이 너무 중요하다. 수직배열 독해와 수평배열 독해를 통해서 해석 실력을 높이자! 정답 (A)

수평배열 독해

Many people will initially resist 많은 사람들이 처음에는 저항할 것이다 (뭘?) **the changes** 그 변화들에 **but a well planned and managed project** 하지만 잘 계획되고 관리된 프로젝트는 **can help alleviate** 해소하는데 도움을 줄 수 있다 (뭘?) **many of the problems** 많은 그 문제들을.

수직배열 독해

Many people will initially resist the changes	많은 사람들이 처음에는 변화에 저항할 것이다
but a well planned and managed project	하지만 잘 계획되고 관리된 프로젝트는
can help alleviate many of the problems.	많은 문제들을 해소하는데 도움을 줄 수 있다

136

The increase in sales indicates that spending is increasing much faster than ________ predicted.

(A) origin
(B) originality
(C) original
(D) originally

▣ 출제 포인트

'원래, 처음에' originally는 'predicted 예측된, scheduled 예정된, designed 계획된' 등의 단어와 함께 자주 어울려 출제된다. 정답 (D)

〓 수평배열 독해

The increase in sales indicates that 판매의 증가는 나타낸다 (뭘?) **spending is increasing** 소비가 증가하고 있다는 것을 **much faster** 훨씬 더 빨리 **than originally predicted** 처음에 예상했던 것 보다.

‖ 수직배열 독해

The increase in sales indicates that	판매의 증가는 나타낸다
spending is increasing much faster	소비가 훨씬 더 빨리 증가하고 있다
than originally predicted.	처음에 예상했던 것 보다

137

Although many changes have been made to the __________,
I believe the board of directors will approve it.

(A) proposal
(B) intention
(C) indication
(D) advice

▣ 출제 포인트

propose는 '제안하다'라는 뜻의 동사이고, proposal은 '제안, 제안서'라는 뜻의 명사이다. 정답 (A)

☰ 수평배열 독해

Although many changes have been made 비록 많은 변경들이 되었음에도 불구하고 **to the proposal,** 그 제안서에 **I believe** 나는 믿는다 (뭘?) **the board of directors will approve it** 이사회가 그것을 승인할 것이라는 것을.

Ⅲ 수직배열 독해

Although many changes have been made	많은 변경들이 되었음에도 불구하고
to the proposal,	그 제안서에
I believe	나는 믿는다
the board of directors will approve it.	이사회가 그것을 승인할 것이다

138

To ____________ your business license, fill out the renewal form and mail it in the enclosed envelope.

(A) remind
(B) renew
(C) resurface
(D) react

▣ 출제 포인트

'갱신하다' renew는 주로 'contract 계약, subscription 구독, license 면허' 등의 명사와 어울려 출제된다. 정답 (B)

☰ 수평배열 독해

To renew 갱신하기 위해서 (뭘?) **your business license**, 당신의 사업 면허를 **fill out** 작성하세요 (뭘?) **the renewal form** 갱신 양식지를 **and mail** 그리고 우편으로 보내주세요 (뭘?) **it** 그것을 **in the enclosed envelope** 동봉된 편지 봉투 안에 넣어서.

||| 수직배열 독해

To renew your business license,	사업 면허를 갱신하기 위해서
fill out the renewal form	갱신 양식지를 작성하세요
and mail it	그리고 그것을 우편으로 보내세요
in the enclosed envelope.	동봉된 편지 봉투 안에 넣어서

139

Make sure to fill out the form ________ before submitting it to our office.

(A) complete
(B) completed
(C) completely
(D) completion

▣ 출제 포인트

complete는 '완전한, 완성하다'라는 뜻의 동사와 형용사로 쓰인다. 특히 목적어가 서류가 나오면 '작성하다'라는 뜻이 된다. '전적으로, 완전히' 부사 completely는 completely satisfied '완전히 만족한'이나 fill out the form completely '양식을 빠짐없이 작성하다' 등의 덩어리 표현으로 출제된다.

정답 (C)

☰ 수평배열 독해

Make sure 확실하게 하세요 **to fill out the form completely** 양식지를 완전히 작성하는 것을 **before submitting it** 그것을 제출하기 전에 **to our office** 우리의 사무실로.

▥ 수직배열 독해

Make sure to fill out the form completely	확실하게 양식지를 완전히 작성하세요
before submitting it to our office.	우리의 사무실로 제출하기 전에

140

If you have any questions about the products, please ______________ our local office.

(A) connect
(B) conform
(C) convey
(D) contact

출제 포인트

contact는 '접촉'이라는 뜻이지만 토익에서는 주로 사람들 사이에서 전화나 편지, 이메일 등으로 '연락하다'라는 의미로 쓰인다. 정답 (D)

수평배열 독해

If you have any questions 만약 당신이 어떤 질문을 가지고 있다면 **about the products,** 그 제품들에 대해서 **please contact our local office** 우리의 지역 사무실로 연락 하세요.

수직배열 독해

If you have any questions	만약 질문이 있으면
about the products,	제품들에 대해서
please contact our local office.	지역 사무실로 연락 하세요

DAY 14
Daily Checkup

step 1 영어표현을 보고 한국말 뜻을 떠올리기

131	work collaboratively	협력해서 일하다
132	in honor of the founder	설립자를 기념하여
133	My visa expired.	나의 비자가 만기가 되었다.
134	It is imperative that …	그것은 필수적이다
135	initially	처음에는
136	than originally predicted	처음에 예상했던 것 보다
137	proposal	제안서
138	renew the license	면허증을 갱신하다
139	fill out the form completely	양식지를 완전히 작성하다
140	Please contact our office.	저희 사무실로 연락 하세요.

step 2 한국말 뜻을 보고 영어표현을 떠올리기

131	협력해서 일하다	work collaboratively
132	설립자를 기념하여	in honor of the founder
133	나의 비자가 만기가 되었다.	My visa expired.
134	그것은 필수적이다	It is imperative that …
135	처음에는	initially
136	처음에 예상했던 것 보다	than originally predicted
137	제안서	proposal
138	면허증을 갱신하다	renew the license
139	양식지를 완전히 작성하다	fill out the form completely
140	저희 사무실로 연락 하세요.	Please contact our office.

DAY 15

141

All the necessary materials for the renovation should be ______ no later than Friday for timely completion.

(A) commanded
(B) instructed
(C) suggested
(D) ordered

▣ 출제 포인트

order는 '주문, 주문품, 주문하다'의 뜻으로 명사와 동사로 쓰인다. place an order '주문을 하다' 또는 out of order '고장 난' 등의 덩어리 표현으로 출제된다.

정답 (D)

☰ 수평배열 독해

All the necessary materials 모든 그 필요한 재료들 (어떤?) **for the renovation** 수리보수를 위한 자재들이 **should be ordered** 주문되어야 한다 **no later than Friday** 금요일보다 늦지 않게 **for timely completion** 시기적절한 완공을 위해서.

||| 수직배열 독해

All the necessary materials	모든 필요한 자재들이
for the renovation	수리보수를 위한
should be ordered	주문되어야 한다
no later than Friday	금요일까지
for timely completion.	시기적절한 완공을 위해

142

Hana Travel Agency provides tourists ________ a travel brochure and detailed tourist information.

(A) into
(B) with
(C) among
(D) beside

▣ 출제 포인트

'제공하다' provide는 '누구에게 무엇을' 사이에 전치사 with가 나와야 한다.

정답 (B)

☰ 수평배열 독해

Hana Travel Agency provides 하나 여행사는 제공한다 (뭘?) **tourists with a travel brochure** 관광객들에게 여행 소책자를 **and detailed tourist information** 그리고 자세한 여행자 정보를.

ǁ 수직배열 독해

Hana Travel Agency provides	하나 여행사는 제공한다
tourists with a travel brochure	관광객들에게 여행 소책자를
and detailed tourist information.	그리고 자세한 여행자 정보를

143

The country's ability to sustain a ___________ wage level should also be taken into consideration.

(A) satisfy
(B) satisfaction
(C) satisfactory
(D) satisfactorily

▣ 출제 포인트

명사 앞은 '형용사' 자리이다. satisfaction은 '만족'이라는 뜻의 명사이고, satisfactory는 결과나 대답이 '만족스러운'이라는 뜻의 형용사이다. 정답 (C)

〓 수평배열 독해

The country's ability 그 나라의 능력 (어떤?) **to sustain a satisfactory wage level** 만족스러운 임금 수준을 유지할 수 있는 능력은 **should also be taken into consideration** 또한 고려되어야 한다.

∥ 수직배열 독해

The country's ability	그 나라의 능력
to sustain a satisfactory wage level	만족스러운 임금 수준을 유지할 수 있는
should also be taken into consideration.	또한 고려되어야 한다

144

The contracts say they will begin the renovation work ________ before 10 A.M. tomorrow.

(A) previously
(B) shortly
(C) overly
(D) rarely

▣ 출제 포인트

shortly는 '곧'이라는 뜻으로 미래시제와 어울려 출제된다. 동의어 soon도 함께 알아두자. 정답 (B)

수평배열 독해

The contracts say 계약서들은 말한다 **they will begin the renovation work** 그들이 수리 작업을 시작할 것이라고 **shortly before 10 A.M. tomorrow** 내일 오전 10시 직전에.

수직배열 독해

The contracts say	계약서에 따르면
they will begin the renovation work	그들이 수리 작업을 시작할 것이다
shortly before 10 A.M. tomorrow.	내일 오전 10시 직전에

145

Please note that all special rates of the Lotte Hotel are ____________ to room availability and may change without notice.

(A) subject
(B) subjecting
(C) subjective
(D) subjects

▣ 출제 포인트

subject는 여러 가지 품사와 의미로 쓰이는 단어이다. 토익에서는 be subject to '~하기 쉽다'의 형태로 가장 많이 출제된다. 이때 to는 전치사이기 때문에 뒤에 명사류가 나와야 한다. Prices are subject to change without notice. 「가격은 통보 없이 변경 될 수 있다」를 대표 예문으로 암기해 두자. 정답 (A)

수평배열 독해

Please note that 주의하세요 (뭘?) **all special rates of the Lotte Hotel** 롯데 호텔의 모든 특별 요금들이 **are subject to room availability** 객실 이용 가능성에 영향을 받기 쉽다는 것을 **and may change** 그리고 변할 수 있다는 것을 **without notice** 공지 없이.

수직배열 독해

Please note that	주의하세요
all special rates of the Lotte Hotel	롯데 호텔의 모든 특별 가격이
are subject to room availability	객실 사용 가능성에 영향을 받기 쉽다
and may change without notice.	그리고 공지 없이 변할 수 있다

146

We regret to inform you that the items you had ordered is
__________ out of stock.

(A) concisely
(B) shortly
(C) narrowly
(D) temporarily

▣ 출제 포인트

'일시적으로, 잠정적으로' temporarily는 재고가 없거나 서비스가 중단될 경우, 일시적으로 사용 할 수 없는 경우가 출제된다. 형용사 temporary '일시적인'도 함께 알아두자. 정답 (D)

〓 수평배열 독해

We regret 저희는 유감스럽습니다 (왜?) **to inform you that** 당신에게 알리게 되어서 (뭘?) **the items you had ordered** 귀하가 주문했던 그 물건이 **is temporarily out of stock** 일시적으로 재고가 없다는 것을.

||| 수직배열 독해

We regret to inform you that	귀하에게 알리게 되어서 유감스럽습니다
the items you had ordered	당신이 주문했던 그 물건이
is temporarily out of stock	일시적으로 재고가 없습니다

147

I am writing this letter to ___________ receipt of the items I ordered from you two weeks ago.

(A) remark
(B) understand
(C) acknowledge
(D) suggest

출제 포인트

acknowledge는 '인정하다'라는 뜻과 편지 등을 받았음을 '알리다'라는 뜻이 있다. acknowledge receipt of your letter '당신의 편지를 받았음을 알리다'를 덩어리 표현으로 암기하자. 정답 (C)

수평배열 독해

I am writing 저는 쓰고 있습니다 **this letter** 이 편지를 **to acknowledge** 알리기 위해서 (뭘?) **receipt of the items** 물건들의 수령을 **I ordered** 내가 주문한 **from you** 당신으로부터 **two weeks ago** 2주 전에.

수직배열 독해

I am writing this letter	저는 이 편지를 쓰고 있습니다
to acknowledge receipt of the items	물건들을 받았음을 알리기 위해
I ordered from you	당신으로부터 내가 주문한
two weeks ago.	2주 전에

148

I would like to remind you that it is essential for fragile items to be ____________ wrapped to prevent breakage.

(A) adamantly
(B) adequately
(C) admiringly
(D) adversely

출제 포인트

'적절하게' adequately는 'prepare 준비하다, maintain 유지하다, wrap 포장하다' 등과 어울려 출제된다. 정답 (B)

수평배열 독해

I would like to remind you that 저는 당신에게 상기시키고 싶습니다 **it is essential** 그것은 필수적입니다 (그게 뭔데?) **for fragile items** 깨지기 쉬운 물건들이 **to be adequately wrapped** 적절하게 포장되어야 한다는 것이 **to prevent breakage** 파손을 막기 위해서.

수직배열 독해

I would like to remind you that	나는 당신에게 상기시키고 싶다
it is essential	그것은 필수적이다
for fragile items	깨지기 쉬운 물건들이
to be adequately wrapped	적절하게 포장되어야 한다는 것이
to prevent breakage.	파손을 막기 위해서

149

_____________ the address label firmly to the front of the package.

(A) Allow
(B) Adapt
(C) Attach
(D) Align

▣ 출제 포인트

attach는 '붙이다'라는 뜻으로 전치사 to와 함께 쓰이는 것을 기억해 두자. attached document '첨부된 서류'처럼 문서와 관련된 명사를 수식해준다. 반의어 detach '떼어내다'도 함께 알아두자. 정답 (C)

☰ 수평배열 독해

Attach 붙이세요 (뭘?) **the address label** 주소 라벨을 **firmly** 견고하게 **to the front** 앞부분에 **of the package** 소포의.

‖ 수직배열 독해

Attach the address label firmly	주소 라벨을 견고하게 붙이세요
to the front of the package.	소포의 앞부분에

150

Please send the required information to the address written below at your earliest ______________.

(A) option
(B) probability
(C) requirement
(D) convenience

▣ 출제 포인트

'편의, 편리'를 의미하는 convenience는 at your earliest convenience '가능한 빨리' 또는 for your convenience '당신의 편의를 위해' 등의 형태로 출제된다. 정답 (D)

〓 수평배열 독해

Please send 보내주세요 (뭘?) **the required information** 요구되는 정보를 **to the address** 그 주소로 **written below** 아래쪽에 쓰여진 **at your earliest convenience** 당신이 가장 빠르면서도 편리할 때에.

‖ 수직배열 독해

Please send the required information	요구되는 정보를 보내주세요
to the address written below	아래쪽에 쓰여진 주소로
at your earliest convenience.	가능한 한 빨리

DAY 15
Daily Checkup

step 1 영어표현을 보고 한국말 뜻을 떠올리기

141	should be ordered	주문되어야 한다
142	provide tourists with a brochure	여행객들에게 소책자를 제공하다
143	satisfactory wage	만족스러운 임금
144	shortly before 10 A.M.	오전 10시 직전에
145	Prices are subject to change without notice.	가격은 통보 없이 변경될 수 있습니다.
146	temporarily out of stock	일시적으로 재고가 없는
147	acknowledge receipt of your letter	당신의 편지를 받았음을 알리다
148	adequately wrap	적절하게 포장하다
149	attach the address label	주소 라벨을 붙이다
150	at your earliest convenience	가능한 한 빨리

step 2 한국말 뜻을 보고 영어표현을 떠올리기

141	주문되어야 한다	should be ordered
142	여행객들에게 소책자를 제공하다	provide tourists with a brochure
143	만족스러운 임금	satisfactory wage
144	오전 10시 직전에	shortly before 10 A.M.
145	가격은 통보 없이 변경될 수 있습니다.	Prices are subject to change without notice.
146	일시적으로 재고가 없는	temporarily out of stock
147	당신의 편지를 받았음을 알리다	acknowledge receipt of your letter
148	적절하게 포장하다	adequately wrap
149	주소 라벨을 붙이다	attach the address label
150	가능한 한 빨리	at your earliest convenience

DAY 16

151

Please fill out the last section of the form, ____________ it, and send it back to us by first class mail as soon as possible.

(A) correspond
(B) write
(C) detach
(D) withdraw

▣ 출제 포인트

(A) correspond 서신 왕래하다, (B) write 쓰다, (C) detach 떼어내다, (D) withdraw 인출하다. 문맥상 가장 적절하게 표현한 것은 detach가 정답이다. '양식지를 작성하다'라는 말이 앞에 나왔기 때문에 write는 오답이다. 함정에 속지 말자. 정답 (C)

☰ 수평배열 독해

Please fill out 작성해 주세요 (뭘?) **the last section of the form,** 양식지의 마지막 부분을 **detach it,** 그것을 떼어 주세요 **and send it back** 그리고 그것을 보내주세요 **to us** 우리에게 **by first class mail** 일 등급 우편으로 **as soon as possible** 가능한 한 빨리.

||| 수직배열 독해

Please fill out the last section of the form,	양식지의 마지막 부분을 작성해 주세요
detach it, and send it back to us	그것을 떼어서 우리에게 보내주세요
by first class mail	일 등급 우편으로
as soon as possible.	가능한 한 빨리

152

To ensure ____________ processing of your order, please mail your payment in the envelope provided.

(A) cautions
(B) realistic
(C) efficient
(D) worthy

▣ 출제 포인트

efficient는 '효과적인, 능률적인'이란 뜻으로 'processing 처리, administration 경영' 같은 명사와 함께 어울려 출제된다. 정답 (C)

☰ 수평배열 독해

To ensure 확실하게 하기위해 (뭘?) **efficient processing** 효율적인 처리를 **of your order,** 당신 주문의 **please mail** 우편으로 보내주세요 (뭘?) **your payment** 당신의 돈을 **in the envelope** 편지 봉투 안에 넣어서 **provided** 제공된.

||| 수직배열 독해

To ensure efficient processing of your order,	효율적인 주문 처리를 위해
please mail your payment	돈을 우편으로 보내주세요
in the envelope provided.	제공된 편지 봉투 안에 넣어서

153

Please read all the instructions of the manual ____________ in the box carefully.

(A) encased
(B) encircled
(C) enclosed
(D) enveloped

출제 포인트

'동봉하다, 둘러싸다'를 의미하는 enclose는 편지 등을 봉투 안에 동봉하거나, 벽이나 담으로 사면을 둘러싸고 있을 때 쓰이는 단어다. 도치된 문장에서 Enclosed '동봉된'이나 Attached '첨부된'이 첫 단어로 자주 등장한다. 정답 (C)

수평배열 독해

Please read 읽어보세요 (뭘?) **all the instructions** 모든 그 지시 사항들을 **of the manual** 그 설명서의 **enclosed in the box** 박스 안에 동봉된 **carefully** 주의 깊게.

수직배열 독해

Please read	읽어보세요
all the instructions of the manual	설명서의 모든 지시사항들을
enclosed in the box	박스 안에 동봉된
carefully.	주의 깊게

154

These hazardous chemicals should be ________ with care.

(A) traveled
(B) handled
(C) practiced
(D) dislocated

▣ 출제 포인트

타동사 handle은 '다루다, 취급하다'라는 뜻이다. 같은 의미의 자동사 deal with와 구별해서 알아두자. 정답 (B)

수평배열 독해

These hazardous chemicals 이 위험한 화학제품들은 **should be handled** 다뤄져야 한다 **with care** 조심스럽게.

수직배열 독해

These hazardous chemicals	이 위험한 화학제품들은
should be handled with care.	조심스럽게 다뤄져야 한다

155

Unless items are ____________ small, please pack no more than five to a box.

(A) respectively
(B) particularly
(C) exactly
(D) constructively

▣ 출제 포인트

'특히' particularly는 강조 부사로 쓰인다. in particular '특히' 표현도 함께 알아두자. 정답 (B)

수평배열 독해

Unless items are particularly small, 만약 물건들이 특별히 작지 않다면 **please pack** 포장하세요 **no more than five** 5개보다 더 많지 않게 **to a box** 한 박스에.

수직배열 독해

Unless items are particularly small,	만약 물건들이 특별히 작지 않다면
please pack no more than five	5개 이상 포장하지 마세요
to a box.	한 박스에

156

_______________ foods should be refrigerated upon delivery.

(A) Durable
(B) Spoiled
(C) Fragile
(D) Perishable

▣ 출제 포인트

'부패하기 쉬운' perishable은 제품을 의미하는 food, goods, item과 같은 명사와 어울려 출제된다. 정답 (D)

수평배열 독해

Perishable foods 상하기 쉬운 음식들은 **should be refrigerated** 냉장되어야 한다 **upon delivery** 배달 즉시.

수직배열 독해

Perishable foods should be refrigerated	상하기 쉬운 음식들은 냉장되어야 한다
upon delivery.	배달 즉시

157

The annual conference will be held at Hilton's largest convention center that can ______________ up to 1,000 attendees.

(A) appreciate
(B) articulate
(C) accommodate
(D) alienate

▣ 출제 포인트

accommodate는 건물 등이 무엇을 '수용하다' 또는 사람을 '숙박시키다'라는 뜻이다. 명사형 accommodation을 '숙박 시설'이라는 뜻으로 함께 알아두자.

정답 (C)

〓 수평배열 독해

The annual conference will be held 연례 회의는 열릴 것이다 **at Hilton's largest convention center** 힐튼 호텔의 가장 큰 컨벤션 센터에서 **that can accommodate** 수용할 수 있는 (뭘?) **up to 1,000 attendees** 최고 천 명의 참석자들을.

||| 수직배열 독해

The annual conference will be held	연례 회의는 열릴 것이다
at Hilton's largest convention center	힐튼 호텔의 가장 큰 컨벤션 센터에서
that can accommodate up to 1,000 attendees.	최고 천 명의 참석자들을 수용할 수 있는

158

While you use our exercise facilities, feel free to take advantage of our child care center, ___________ to all members at no extra costs.

(A) approachable
(B) considerable
(C) available
(D) creditable

▣ 출제 포인트

available은 '이용 가능한, 구입 가능한, 시간이 있는'이란 뜻으로 토익에서 가장 중요한 단어이다. 정답 (C)

⚌ 수평배열 독해

While you use 당신이 사용하는 동안 (뭘?) **our exercise facilities,** 우리의 운동 시설들을 **feel free to take advantage** 편한 마음으로 이용하세요 (뭘?) **of our child care center,** 우리의 탁아소를 **available to all members** 모든 회원들에게 이용 가능한 **at no extra costs** 추가적인 비용 없이.

||| 수직배열 독해

While you use our exercise facilities,	당신이 우리의 운동 시설들을 사용하는 동안
feel free to take advantage	편한 마음으로 이용하세요
of our child care center,	우리의 탁아소를
available to all members	모든 회원들에게 이용 가능한
at no extra costs.	추가적인 비용 없이

159

We have a lot of coin lockers to store personal ______________.

(A) belong
(B) belongs
(C) belonging
(D) belongings

출제 포인트

belongings는 '소지품, 소유물'이라는 뜻으로 항상 복수형으로 쓰이는 점에 주의하자. 정답 (D)

수평배열 독해

We have 우리는 가지고 있다 (뭘?) **a lot of coin lockers** 많은 코인 보관함들을 **to store** 보관할 수 있는 (뭘?) **personal belongings** 개인 소지품들을.

수직배열 독해

We have a lot of coin lockers	우리는 많은 코인 보관함이 있다
to store personal belongings.	개인 소지품을 보관할 수 있는

160

As I mentioned in my letter dated November 15, I expect Renaissance Hotel to __________ me for its mistake with my hotel bill.

(A) correct
(B) compensate
(C) compliment
(D) complain

출제 포인트

compensate는 금전적으로 '보상하다'라는 뜻으로 전치사 for와 함께 쓰인다.

정답 (B)

수평배열 독해

As I mentioned 내가 언급한 것처럼 **in my letter** 나의 편지에서 **dated November 15,** 11월 15일 날짜에 **I expect Renaissance Hotel** 나는 르네상스 호텔을 기대한다 **to compensate me** 나에게 보상해 주길 **for its mistake** 실수에 대해 **with my hotel bill** 나의 호텔 청구서에 대한.

수직배열 독해

As I mentioned in my letter	내가 편지에서 언급한 것처럼
dated November 15,	11월 15일 날짜에
I expect Renaissance Hotel	나는 르네상스 호텔을 기대한다
to compensate me for its mistake	나에게 실수에 대해 보상해 주길
with my hotel bill.	호텔 청구서에 대한

DAY 16
Daily Checkup

step 1 영어표현을 보고 한국말 뜻을 떠올리기

151	detach the last section of the form	양식지의 마지막 부분을 떼어내다
152	efficient processing	효율적인 처리
153	enclosed manual	동봉된 설명서
154	should be handled with care	조심스럽게 다뤄져야 한다
155	particularly small	특히 작은
156	perishable foods	상하기 쉬운 음식
157	accommodate 1,000 attendees	천 명의 참석자들을 수용하다
158	available to all members	모든 회원들에게 이용 가능한
159	personal belongings	개인 소지품들
160	compensate me for loss	나에게 손실을 보상해 주다

step 2 한국말 뜻을 보고 영어표현을 떠올리기

151	양식지의 마지막 부분을 떼어내다	detach the last section of the form
152	효율적인 처리	efficient processing
153	동봉된 설명서	enclosed manual
154	조심스럽게 다뤄져야 한다	should be handled with care
155	특히 작은	particularly small
156	상하기 쉬운 음식	perishable foods
157	천 명의 참석자들을 수용하다	accommodate 1,000 attendees
158	모든 회원들에게 이용 가능한	available to all members
159	개인 소지품들	personal belongings
160	나에게 손실을 보상해 주다	compensate me for loss

DAY 17

161

I am writing to ____________ that the conference call will be held on May 20th.

(A) contend
(B) confirm
(C) confront
(D) concern

▣ 출제 포인트

'확인하다' confirm은 'reservation 예약, appointment 약속' 등의 명사와 단짝으로 출제된다. 또는 접속사 that과 잘 어울려 나온다. 정답 (B)

☰ 수평배열 독해

I am writing 저는 쓰고 있습니다 **to confirm that** 확인하기 위해서 (뭘?) **the conference call** 전화로 하는 회의가 **will be held** 열릴 것이라는 것을 **on May 20th** 5월 20일에.

||| 수직배열 독해

I am writing to confirm that	나는 확인하기 위해 쓰고 있다
the conference call will be held	전화 회의가 열릴 것이다
on May 20th.	5월 20일에

162

Our office is ____________ located in the heart of the business district with easy access to public transportation.

(A) conveniently
(B) consistently
(C) heavily
(D) frequently

▣ 출제 포인트

'편리하게' conveniently는 located와 같은 위치와 관련된 단어들과 어울려 출제된다. conveniently located '편리한 곳에 위치된' 덩어리 표현을 암기하자. conveniently 대신에 'perfectly 완벽하게, centrally 중앙에, agreeably 쾌적하게' 등이 나올 수 있다. 정답 (A)

〓 수평배열 독해

Our office is conveniently located 우리 사무실은 편리하게 위치해 있다 **in the heart of the business district** 상업 지역의 중심 안에 **with easy access** 쉬운 접근성을 가지고 있는 **to public transportation** 대중 교통에.

‖ 수직배열 독해

Our office is conveniently located	우리 사무실은 편리하게 위치해 있다
in the heart of the business district	상업 지역의 중심 안에
with easy access to public transportation.	대중교통에 쉬게 접근할 수 있는

163

Our customers spend a lot of time browsing our Website and investigating our products before ___________ a purchase.

(A) making
(B) shopping
(C) owing
(D) using

출제 포인트

동사와 명사가 동시에 되는 purchase는 make a purchase '구매를 하다'의 덩어리 표현으로 출제된다. 정답 (A)

수평배열 독해

Our customers spend a lot of time 우리 고객들은 많은 시간을 소비한다 **browsing our Website** 우리의 웹사이트를 검색하는데 **and investigating our products** 그리고 우리의 제품들을 조사하는데 **before making a purchase** 구매를 하기 전에.

수직배열 독해

Our customers spend a lot of time	고객들은 많은 시간을 보낸다
browsing our Website	웹사이트를 검색하고
and investigating our products	제품을 조사하는데
before making a purchase.	구매하기 전에

164

A welcome ________ for the newly hired employees is scheduled for Friday at 6 p.m.

(A) application
(B) reception
(C) extension
(D) graduation

▣ 출제 포인트

reception은 '환영회'나 '접수처'를 의미한다. 안내 데스크에서 일하는 '접수원'을 receptionist라고 한다. 정답 (B)

☰ 수평배열 독해

A welcome reception 한 환영회 (어떤?) **for the newly hired employees** 새롭게 고용된 직원들을 위한 환영회가 **is scheduled** 일정이 잡혀 있다 **for Friday** 금요일로 **at 6 p.m.** 오후 6시에

▥ 수직배열 독해

A welcome reception	환영회
for the newly hired employees	새롭게 고용된 직원들을 위한
is scheduled for Friday at 6 p.m.	금요일 오후 6시에 예정되어 있다

165

In order to prevent the source from sticking, you should ____________ it constantly while it cooks over a low flame.

(A) stir
(B) remove
(C) revolve
(D) turn

▣ 출제 포인트

stir는 '휘젓다, 뒤섞다'라는 뜻의 동사이다. 정답 (A)

수평배열 독해

In order to prevent 막기 위해서 (뭘?) **the source from sticking,** 소스가 들러붙는 것으로부터 **you should stir it** 당신은 그것을 저어야 한다 **constantly** 계속적으로 **while it cooks** 그것이 요리되는 동안 **over a low flame** 낮은 불 위에서.

수직배열 독해

In order to prevent	막기 위해서
the source from sticking,	소스가 들러붙는 것을
you should stir it constantly	당신은 그것을 계속 저어야 한다
while it cooks	요리되는 동안
over a low flame.	낮은 불 위에서

166

HP Company has seen a twenty percent increase in sales in the past year and ______________ a thirty percent increase next year.

(A) deems
(B) believes
(C) hopes
(D) anticipates

▣ 출제 포인트

'예상하다, 기대하다' 동사 anticipate는 전치사 없이 목적어가 바로 나온다. 주로 'increase 증가, change 변화, revenue 수입' 등과 어울려 출제된다. '희망하다, 바라다'를 의미하는 hope는 전치사 for가 뒤에 나와야 한다. 정답 (D)

수평배열 독해

HP Company has seen HP 기업은 보았다 (뭘?) **a twenty percent increase** 20퍼센트의 증가를 **in sales** 판매에 있어서 **in the past year** 작년 동안 **and anticipates** 그래서 예상한다 (뭘?) **a thirty percent increase** 30퍼센트의 증가를 **next year** 내년에.

수직배열 독해

HP Company has seen a twenty percent increase	HP 기업은 20퍼센트의 증가를 보았다
in sales	판매에 있어서
in the past year	작년 동안에
and anticipates a thirty percent increase	그래서 30퍼센트의 증가를 예상한다
next year.	내년에

167

I have to ______________ your invitation to the party because I have a prior appointment.

(A) deteriorate
(B) faint
(C) weaken
(D) decline

▣ 출제 포인트

decline이 자동사일 경우는 '감소하다'라는 뜻이고, 초대나 신청에 해당하는 명사가 나오면 타동사로 '거절하다'라는 뜻이다. 또한 decline이 명사로 쓰여 '감소'라는 뜻일 때 전치사 in과 함께 쓰인다. 정답 (D)

수평배열 독해

I have to decline 저는 거절해야 해요 (뭘?) **your invitation** 당신의 초대를 **to the party** 그 파티에 대한 **because I have** 왜냐하면 저는 가지고 있거든요 (뭘?) **a prior appointment** 선약을.

수직배열 독해

I have to decline your invitation	나는 당신의 초대를 거절해야 한다
to the party	그 파티에 대한
because I have a prior appointment.	왜냐하면 선약이 있어서

168

Initial projections of quarterly earnings have already been ______________ with a month still remaining.

(A) conducted
(B) exceeded
(C) indicated
(D) founded

▣ 출제 포인트

'초과하다' exceed는 수나 양, 규모나 기대 등을 '넘어서다'는 의미로 쓰인다. 덩어리 표현 exceed the expectation '기대 이상이다'를 암기해 놓자. 정답 (B)

수평배열 독해

Initial projections of quarterly earnings 처음의 예상 분기별 수익은 **have already been exceeded** 이미 초과 되었다 **with a month still remaining** 한 달이 여전히 남은 상태에서.

수직배열 독해

Initial projections of quarterly earnings	처음의 예상 분기별 수익은
have already been exceeded	이미 초과 되었다
with a month still remaining.	한 달이 여전히 남은 상태에서

169

Please be reminded that any ________ information on labels may lead to

shipping delays.

(A) impartial
(B) imported
(C) intensive
(D) inaccurate

▣ 출제 포인트

accurate은 '정확한'이란 뜻이고 inaccurate은 '부정확한'이란 뜻이다. inaccurate information '부정확한 정보'와 같은 덩어리 표현으로 출제된다. 정답 (D)

수평배열 독해

Please be reminded that 명심하세요 **any inaccurate information** 어떤 부정확한 정보 (어떤?) **on labels** 라벨에 있는 부정확한 정보가 **may lead to shipping delays** 배송 지연을 초래할 수 있습니다.

수직배열 독해

Please be reminded that	명심하세요
any inaccurate information on labels	라벨에 있는 부정확한 정보가
may lead to shipping delays.	배송 지연을 초래할 수 있다

170

The orders for the sunglasses have increased __________ after the recent concert promotion

(A) markedly
(B) fashionably
(C) very
(D) loudly

출제 포인트

'현저하게, 눈에 띄게' markedly는 increase, rise, decrease, decline과 같은 증감 동사와 잘 어울려 출제된다. 증감 동사와 어울리는 대표적인 부사에는 'dramatically 극적으로, sharply 급격하게, significantly 상당하게' 등이 있다.

정답 (A)

수평배열 독해

The orders 그 주문들 (어떤?) **for the sunglasses** 선글라스에 대한 주문들이 **have increased** 증가했다 **markedly** 현저하게 **after the recent concert promotion** 최근의 콘서트 홍보 후에.

수직배열 독해

The orders for the sunglasses	선글라스 주문이
have increased markedly	현저하게 증가했다
after the recent concert promotion.	최근 콘서트 홍보 후에

DAY 17
Daily Checkup

step 1 영어표현을 보고 한국말 뜻을 떠올리기

161	I am writing to confirm that …	나는 확인하기 위해 쓰고 있다
162	conveniently located	편리하게 위치된
163	make a purchase	구매를 하다
164	welcome reception	환영회
165	stir it constantly	그것을 계속 젓다
166	anticipates a thirty percent increase	30퍼센트의 증가를 예상하다
167	decline the invitation	초대를 거절하다
168	exceed the expectation	기대를 초과하다
169	inaccurate information	부정확한 정보
170	increase markedly	현저하게 증가하다

step 2 한국말 뜻을 보고 영어표현을 떠올리기

161	나는 확인하기 위해 쓰고 있다	I am writing to confirm that …
162	편리하게 위치된	conveniently located
163	구매를 하다	make a purchase
164	환영회	welcome reception
165	그것을 계속 젓다	stir it constantly
166	30퍼센트의 증가를 예상하다	anticipates a thirty percent increase
167	초대를 거절하다	decline the invitation
168	기대를 초과하다	exceed the expectation
169	부정확한 정보	inaccurate information
170	현저하게 증가하다	increase markedly

DAY 18

171

According to the report, mechanical innovations have reduced the ____________ time by fifty percent.

(A) opposition
(B) expectation
(C) production
(D) fruition

출제 포인트

'생산' production은 주로 time, schedule, facility와 같은 명사와 결합된 복합명사 형태로 출제된다. 정답 (C)

수평배열 독해

According to the report, 보고서에 따르면 **mechanical innovations have reduced** 기계적인 혁신들이 줄였다 (뭘?) **the production time** 생산 시간을 **by fifty percent** 50 퍼센트까지.

수직배열 독해

According to the report,	보고서에 따르면
mechanical innovations have reduced	기계적인 혁신이 줄였다
the production time	생산 시간을
by fifty percent.	50 퍼센트까지

172

Ms. Kim was hired as a customer service ___________ on May 20 last year.

(A) represent
(B) representing
(C) representative
(D) represented

▣ 출제 포인트

represent는 '대표하다'라는 뜻의 동사이다. representative '대표하는'의 형용사뿐만 아니라 '대표자'라는 사람 명사도 된다. 하지만 토익에서는 sales representative '영업 사원'처럼 '직원'이라는 뜻으로 훨씬 더 많이 쓰인다는 것을 명심하자. 명사 representation '대표'도 함께 암기해 두자. 사람명사와 사물명사를 구분하는 문제로 자주 출제된다. 정답 (C)

수평배열 독해

Ms. Kim was hired 미스 김은 고용되었다 **as a customer service representative** 고객 서비스 직원으로서 **on May 20** 5월 20일에 **last year** 작년에.

수직배열 독해

Ms. Kim was hired	미스 김은 고용되었다
as a customer service representative	고객 서비스 직원으로서
on May 20 last year.	작년 5월 20일에

173

Once the new computer system has been installed, employee productivity is expected to increase ________.

(A) fundamentally
(B) significantly
(C) particularly
(D) massively

출제 포인트

부사 significantly '상당히'는 increase나 decrease와 같은 증감 동사와 어울려 출제된다. 같은 뜻의 부사 '상당히' considerably와 substantially도 함께 알아두자.

정답 (B)

수평배열 독해

Once the new computer system 일단 새로운 컴퓨터 시스템이 **has been installed,** 설치가 되면 **employee productivity is expected** 직원 생산성이 예상된다 **to increase** 증가할 것으로 **significantly** 상당히.

수직배열 독해

Once the new computer system	일단 새로운 컴퓨터 시스템이
has been installed,	설치가 되면
employee productivity is expected	직원 생산성이 예상된다
to increase significantly.	상당히 증가할 것으로

174

Mr. Lee is responsible for ensuring that all expenditures are recorded in the database.

(A) essentially
(B) suddenly
(C) rightly
(D) accurately

출제 포인트

accurately는 '정확하게'라는 뜻으로 'enter 입력하다, record 기록하다, evaluate 평가하다, reflect 반영하다' 같은 동사를 수식하는 부사로 출제된다. 정답 (D)

수평배열 독해

Mr. Lee is responsible 미스터리는 책임이 있습니다 **for ensuring that** 확실하게 하는 것에 대해 **all expenditures are recorded** 모든 비용들이 기록되어야 합니다 **accurately** 정확하게 **in the database** 데이터베이스에.

수직배열 독해

Mr. Lee is responsible for ensuring that	미스터리는 확실하게 할 책임이 있다
all expenditures are recorded accurately	모든 비용들이 정확하게 기록되어야 한다
in the database.	데이터베이스에

175

The government official stated that more funds would be ________ to several community projects that have been delayed.

(A) divided
(B) allocated
(C) measured
(D) implemented

▣ 출제 포인트

allocate는 '할당하다, 배분하다'라는 뜻으로 전치사 for 다음에는 '사용 목적'이 나오고, 전치사 to 다음에는 할당이 되는 '대상'이 나온다. 정답 (B)

수평배열 독해

The government official stated that 그 정부 공무원은 말했다 (뭘?) **more funds would be allocated** 더 많은 자금들이 할당될 것이라고 **to several community projects** 여러 지역사회 프로젝트들에 **that have been delayed** 미루어져 왔던.

수직배열 독해

The government official stated that	정부 공무원은 말했다
more funds would be allocated	더 많은 자금들이 할당될 것이다
to several community projects	여러 지역사회 프로젝트들에
that have been delayed.	연기되어 왔던

176

Before selecting a new copy machine, be sure to try out several brands and __________ prices and performance.

(A) comply
(B) conduct
(C) control
(D) compare

▣ 출제 포인트

'비교하다' compare는 compare A with B 또는 compared to '~와 비교해서'가 출제된다. 함께 잘 어울리는 전치사에 유의해서 암기하자. 정답 (D)

☰ 수평배열 독해

Before selecting 선택하기 전에 (뭘?) **a new copy machine,** 새로운 복사기를 **be sure to try out** 확실하게 사용해 보세요 (뭘?) **several brands** 여러 상품들을 **and compare** 그리고 비교해 보세요 (뭘?) **prices and performance** 가격들과 성능을.

||| 수직배열 독해

Before selecting a new copy machine,	새로운 복사기를 선택하기 전에
be sure to try out several brands	확실하게 여러 상품들을 사용해 보세요
and compare prices and performance.	그리고 가격들과 성능을 비교해 보세요

177

It is likely that Mr. Lee will be promoted as a ________ advisor at the end of the month.

(A) finance
(B) financial
(C) financing
(D) financed

▣ 출제 포인트

financial은 '재정의'라는 뜻의 형용사이다. finance는 '재정, 재정을 조달하다'라는 뜻의 명사와 동사가 동시에 되는 단어이다. 두 단어의 품사를 구별하는 문제가 출제된다. 정답 (B)

수평배열 독해

It is likely that 확률이 크다 **Mr. Lee will be promoted** 미스터리가 승진될 것 같다 **as a financial advisor** 재정적인 고문으로서 **at the end of the month** 이번 달 말에.

수직배열 독해

It is likely that	일 것 같다
Mr. Lee will be promoted	미스터리가 승진될 것이다
as a financial advisor	재정 고문으로서
at the end of the month.	이번 달 말에

178

By reducing the part-time staff, the company tried to ____________ the financial crisis.

(A) overload
(B) overexpose
(C) overprice
(D) overcome

▣ 출제 포인트

overcome은 '극복하다'라는 의미로 목적어로 고난이나 위기, 어려움이 나온다.

정답 (D)

☰ 수평배열 독해

By reducing 줄임으로써 (뭘?) **the part-time staff,** 파트타임 직원들을 **the company tried to overcome** 그 회사는 극복하려 애썼다 (뭘?) **the financial crisis** 재정적인 위기를.

||| 수직배열 독해

By reducing the part-time staff,	파트타임 직원들을 줄임으로써
the company tried to overcome	회사는 극복하려 애썼다
the financial crisis.	재정적인 위기를

179

Our office has ________ moved to another city, so contact us to the new mailing address as above.

(A) recently
(B) freshly
(C) usually
(D) commonly

▣ 출제 포인트

recently '최근에'는 현재완료 시제와 어울려 정답으로 출제된다. 동의어 lately도 함께 알아두자. 정답 (A)

☰ 수평배열 독해

Our office has recently moved 우리 사무실은 최근에 이사했습니다 **to another city,** 다른 한 도시로 **so contact us** 그래서 우리에게 연락하세요 **to the new mailing address** 새로운 우편 주소로 **as above** 위와 같이 있는.

Ⅲ 수직배열 독해

Our office has recently moved	우리 사무실은 최근에 이사했다
to another city,	다른 도시로
so contact us	그래서 우리에게 연락하세요
to the new mailing address	새로운 우편 주소로
as above.	위에 있는

180

Any employee can be ____________ promptly for the travel expenses by submitting receipts to the accounting department.

(A) exchanged
(B) reimbursed
(C) notified
(D) spent

▣ 출제 포인트

'상환하다, 변제하다' reimburse는 미리 돈을 사용하고 나중에 다시 돌려주는 것을 의미한다. 즉, pay money back의 뜻이다. 토익에서 돈과 관련된 단어들은 매우 중요하다. 반드시 암기하자. 정답 (B)

☰ 수평배열 독해

Any employee can be reimbursed 어떤 직원도 환급받을 수 있다 **promptly** 즉시 **for the travel expenses** 여행 경비에 대해서 **by submitting receipts** 영수증들을 제출함으로써 **to the accounting department** 회계 부서로.

Ⅲ 수직배열 독해

Any employee can be reimbursed promptly	어떤 직원도 즉시 환급받을 수 있다
for the travel expenses	여행 경비에 대해서
by submitting receipts	영수증을 제출함으로써
to the accounting department.	회계 부서로

DAY 18
Daily Checkup

step 1 영어표현을 보고 한국말 뜻을 떠올리기

171	production time	생산 시간
172	customer service representative	고객 서비스 직원
173	increase significantly	상당히 증가하다
174	record accurately	정확하게 기록하다
175	allocate more funds	더 많은 자금을 할당하다
176	compare prices and performance	가격과 성능을 비교하다
177	financial advisor	재정 고문
178	overcome the financial crisis	재정적인 위기를 극복하다
179	has recently moved	최근에 이사했다
180	reimburse the travel expenses	여행 경비를 돌려주다

step 2 한국말 뜻을 보고 영어표현을 떠올리기

171	생산 시간	production time
172	고객 서비스 직원	customer service representative
173	상당히 증가하다	increase significantly
174	정확하게 기록하다	record accurately
175	더 많은 자금을 할당하다	allocate more funds
176	가격과 성능을 비교하다	compare prices and performance
177	재정 고문	financial advisor
178	재정적인 위기를 극복하다	overcome the financial crisis
179	최근에 이사했다	has recently moved
180	여행 경비를 돌려주다	reimburse the travel expenses

DAY 19

181

Korean Air has expanded its operations ____________ by acquiring additional airplanes.

(A) tightly
(B) substantially
(C) warmly
(D) subjectively

▣ 출제 포인트

'상당히' substantially는 expand, exceed 등 팽창과 관련된 동사나 increase, decrease 등의 증감 동사들과 어울려 출제된다. 정답 (B)

☰ 수평배열 독해

Korean Air has expanded 대한 항공은 확장했다 (뭘?) **its operations** 운영사업체를 **substantially** 상당히 **by acquiring** 인수함으로써 (뭘?) **additional airplanes** 추가적인 비행기들을.

⏸ 수직배열 독해

Korean Air has expanded its operations	대한 항공은 운영사업체를 확장했다
substantially	상당히
by acquiring additional airplanes.	추가적인 비행기들을 인수함으로써

182

I am pleased to ____________ your invitation to the fifth sales conference at the Hilton hotel.

(A) assemble
(B) assist
(C) access
(D) accept

▣ 출제 포인트

'수락하다' accept는 어떤 제안이나 초대 등을 받아들일 때 쓰인다. 정답 (D)

☰ 수평배열 독해

I am pleased 저는 기쁩니다 **to accept your invitation** 귀하의 초대를 수락할 수 있어서 **to the fifth sales conference** 제5회 판매 회의에 대한 **at the Hilton hotel** 힐튼 호텔에서 있는.

▥ 수직배열 독해

I am pleased to accept your invitation	귀하의 초대를 수락할 수 있어서 기쁩니다
to the fifth sales conference	제5회 판매 회의에 대한 초대에
at the Hilton hotel.	힐튼 호텔에서 있는

183

I am sorry, but I don't have the ____________ to make a decision without first consulting my immediate supervisor.

(A) registration
(B) policy
(C) claim
(D) authority

▣ 출제 포인트

authority는 사람들에게 지시하고 통제할 수 있는 '권한'을 의미한다. have the authority to do '~할 수 있는 권한을 가지고 있다'의 형태로 출제된다. 공식적인 '허가'를 의미하는 authorization과 구별하는 문제로도 출제된다. 정답 (D)

수평배열 독해

I don't have the authority 나는 권한을 가지고 있지 않다 **to make a decision** 결정을 할 수 있는 **without first consulting** 우선 상담하지 않고 **my immediate supervisor** 나의 직속 상관과.

수직배열 독해

I don't have the authority	나는 권한을 가지고 있지 않다
to make a decision	결정을 할 수 있는
without first consulting	우선 상담하지 않고
my immediate supervisor.	나의 직속 상관과

184

The hotel chef spends ______________ time training the kitchen staff.

(A) consider
(B) considerate
(C) consideration
(D) considerable

▣ 출제 포인트

비슷하게 생긴 형용사의 의미를 구별하는 문제이다. considerable은 '상당한'이라는 뜻이고, considerate은 '사려 깊은'이라는 뜻이다. 정답 (D)

〓 수평배열 독해

The hotel chef spends 호텔 주방장은 소비한다 (뭘?) **considerable time** 상당한 시간을 **training the kitchen staff** 주방 직원들을 훈련 시키는데.

▮ 수직배열 독해

The hotel chef spends considerable time	호텔 주방장은 상당한 시간을 쓴다
training the kitchen staff.	주방 직원들을 훈련 시키는데

185

Mr. Lee is a very __________ employee who has been working in our company for a long time.

(A) dedicated
(B) consecrated
(C) abbreviated
(D) correlated

▣ 출제 포인트

dedicated는 '헌신적인'이라는 뜻이다. dedicated employee '헌신적인 직원' 덩어리 표현을 암기하자. 토익 시험에서는 dedicated 다음에 전치사 to를 사용하는 문제가 주로 출제된다. 동의어 committed와 devoted도 함께 암기해 두자.

정답 (A)

수평배열 독해

Mr. Lee is a very dedicated employee 미스터리는 매우 헌신적인 직원이다 **who has been working** 그는 일해 오고 있는 중이다 **in our company** 우리의 회사에서 **for a long time** 오랜 시간 동안.

수직배열 독해

Mr. Lee is a very dedicated employee	미스터리는 매우 헌신적인 직원이다
who has been working	일해 오고 있는
in our company	우리의 회사에서
for a long time.	오랜 시간 동안

186

The board of directors is expected to make a final decision on the ______ project when it convenes next Monday.

(A) existence
(B) expansion
(C) exception
(D) experience

▣ 출제 포인트

'확장' expansion은 복합명사 형태로 시험에 출제된다. 'expansion project 확장 프로젝트, business expansion 사업 확장, expansion plan 확장 계획' 등의 덩어리 표현을 암기하자. 정답 (B)

수평배열 독해

The board of directors is expected 이사회는 예상된다 **to make a final decision** 최종적인 결정을 할 것으로 **on the expansion project** 확장 프로젝트에 대해서 **when it convenes** 이사회가 모일 때 **next Monday** 다음 월요일에.

수직배열 독해

The board of directors is expected	이사회는 예상된다
to make a final decision	최종 결정을 할 것으로
on the expansion project	확장 프로젝트에 대해서
when it convenes	이사회가 모일 때
next Monday.	다음 월요일에

187

At the recommendation of auditing committee, a completely _______________ agency was established to oversee banking operations.

(A) available
(B) increased
(C) independent
(D) composed

▣ 출제 포인트

independent는 '독립적인'이라는 뜻으로 덩어리 표현 independent agency '독립 기관'을 암기해 두자. 정답 (C)

☰ 수평배열 독해

At the recommendation 그 권고에 **of auditing committee,** 회계 위원회의
a completely independent agency 완전히 독립적인 기관이 **was established** 설립되었다
to oversee 감독하기 위해서 **banking operations** 은행 운영들을.

||| 수직배열 독해

At the recommendation of auditing committee,	회계 위원회의 권고에
a completely independent agency was established	완전히 독립적인 기관이 설립되었다
to oversee banking operations.	은행 운영들을 감독하기 위해서

188

In order to improve customer relations, we need to keep our sales staff ____________ of product development.

(A) informed
(B) information
(C) inform
(D) informant

출제 포인트

inform '알리다'에서 파생된 단어 informed는 '잘 알고 있는'이라는 뜻이다. 덩어리 표현 informed decision은 잘 알고 있는 정보에 근거한 '현명한 결정'이라는 뜻이다. 정답 (A)

수평배열 독해

In order to improve 향상시키기 위해서 (뭘?) **customer relations,** 고객 관계를 **we need to keep** 우리는 유지할 필요가 있다 (뭘?) **our sales staff informed** 우리의 판매 직원들이 잘 알고 있는 상태가 되도록 **of product development** 제품 개발에 대해서.

수직배열 독해

In order to improve customer relations,	고객 관계를 향상시키기 위해서
we need to keep our sales staff	우리는 판매 직원들을 유지할 필요가 있다
informed of product development.	제품 개발에 대해 잘 알도록

189

The board of directors strongly recommended taking significant measures to improve the employee ________.

(A) productivity
(B) processions
(C) proximity
(D) profusion

▣ 출제 포인트

productivity는 '생산성'이라는 뜻으로 복합명사 employee productivity '직원 생산성' 덩어리 표현으로 출제된다. 정답 (A)

수평배열 독해

The board of directors 이사회는 **strongly recommended** 강력히 권고했다 (뭘?) **taking significant measures** 상당한 조치들을 취하는 것을 **to improve the employee productivity** 직원 생산성을 향상시키기 위해서.

수직배열 독해

The board of directors strongly recommended	이사회는 강력히 권고했다
taking significant measures	중요한 조치를 취하는 것을
to improve the employee productivity.	직원 생산성을 높이기 위해

190

Management has just announced plans to __________ its head office to Stanford in November.

(A) refer
(B) transmit
(C) deliver
(D) relocate

▣ 출제 포인트

relocate는 '이전하다, 이전시키다'라는 뜻의 동사로 relocate A to B의 형태로 출제된다. 정답 (D)

☰ 수평배열 독해

Management has just announced plans 경영진들은 계획들을 막 발표했다**to relocate its head office** 본사를 이전시킬**to Stanford** 스텐포드로**in November** 11월에.

||| 수직배열 독해

Management has just announced plans	경영진들은 계획들을 막 알렸다
to relocate its head office to Stanford	본사를 스텐포드로 이전시킬
in November.	11월에

DAY 19
Daily Checkup

step 1 영어표현을 보고 한국말 뜻을 떠올리기

181	expand substantially	상당히 확장하다
182	accept the invitation	초대를 수락하다
183	have the authority	권한을 가지고 있다
184	considerable time	상당한 시간
185	dedicated employee	헌신적인 직원
186	expansion project	확장 프로젝트
187	completely independent agency	완전히 독립적인 기관
188	informed decision	정보에 근거한 현명한 결정
189	employee productivity	직원 생산성
190	relocate the head office	본사를 이전시키다

step 2 한국말 뜻을 보고 영어표현을 떠올리기

171	상당히 확장하다	expand substantially
172	초대를 수락하다	accept the invitation
173	권한을 가지고 있다	have the authority
174	상당한 시간	considerable time
175	헌신적인 직원	dedicated employee
176	확장 프로젝트	expansion project
177	완전히 독립적인 기관	completely independent agency
178	정보에 근거한 현명한 결정	informed decision
179	직원 생산성	employee productivity
180	본사를 이전시키다	relocate the head office

DAY 20

191

Inexperienced business owners are advised to seek professional advice when they are ________ about the right time to expand.

(A) unstable
(B) unknown
(C) uncertain
(D) unsafe

▣ 출제 포인트

'불확실한, 확신이 없는' uncertain은 전치사 about과 함께 어울려 출제된다.

정답 (C)

수평배열 독해

Inexperienced business owners 경험 없는 사업 소유주들은 **are advised** 충고받는다 **to seek professional advice** 전문적인 조언을 구하라고 **when they are uncertain** 그들이 불확실할 때 **about the right time** 올바른 시간에 대해서 **to expand** 확장할.

수직배열 독해

Inexperienced business owners are advised	경험 없는 사업 소유주들은 권고받는다
to seek professional advice	전문적인 조언을 구하라고
when they are uncertain	그들이 불확실할 때
about the right time to expand.	확장할 올바른 시간에 대해서

192

Tomorrow will be partly cloudy with a ____________ of rain or even snow.

(A) potential
(B) speculation
(C) chance
(D) plan

▣ 출제 포인트

chance는 '기회'라는 뜻뿐만 아니라 우연히 일이 일어날 '가능성'이라는 뜻을 갖는다. 기출표현 a chance of rain '비가 올 가능성'을 암기해 두자. potential은 형용사로 '잠재적인'이라는 뜻이고 명사로는 '잠재력'이라는 뜻이다. 토익에 자주 등장하는 potential customer '잠재 고객' 덩어리 표현을 외워두자. 정답 (C)

═ 수평배열 독해

Tomorrow will be partly cloudy 내일은 부분적으로 구름이 있을 것이다 **with a chance of rain** 비가 올 가능성을 가지고 **or even snow** 또는 심지어 눈이.

‖ 수직배열 독해

Tomorrow will be partly cloudy	내일은 부분적으로 구름이 있을 것이다
with a chance of rain	비가 올 가능성을 가지고 있고
or even snow.	심지어 눈이 내릴 수도 있다

193

People in the surrounding area of the plant began to boycott the chemical company's products because it was ______________ dumping pollutants into the sea.

(A) lastingly
(B) movingly
(C) timelessly
(D) continually

출제 포인트

'계속해서' continually는 어떤 일이 발생했다 멈췄다 하며 거듭해서 계속 일어날 때 사용한다. continually는 주로 dump '내다버리다' 또는 update '업데이트하다'와 같은 동사들과 어울려 출제된다. '지속적으로' lastingly는 어떤 일이 지속적으로 존재하거나 영향을 미치는 경우에 사용한다. 정답 (D)

수평배열 독해

People 사람들 (어떤?) **in the surrounding area of the plant** 그 공장의 주변 지역에 있는 사람들은 **began to boycott** 불매운동을 하기 시작했다 (뭘?) **the chemical company's products** 그 화학 회사의 제품들을 **because it was continually dumping pollutants** 왜냐하면 그 회사가 계속해서 오염 물질들을 버렸기 때문에 **into the sea** 바다로.

수직배열 독해

People in the surrounding area of the plant	공장 주변 지역에 있는 사람들은
began to boycott the chemical company's products	그 화학 회사의 제품 구매를 거부했다
because it was continually dumping pollutants	계속해서 오염 물질들을 버렸기 때문에
into the sea.	바다로

194

The thunderstorm that hit the western provinces caused extensive ________ and an electrical power outage that lasted nearly three days.

(A) damage
(B) penalty
(C) charge
(D) hurt

▣ 출제 포인트

damage는 '피해, 손상'이라는 뜻의 명사와 '손상시키다'라는 뜻의 동사로 동시에 쓰인다. damaged merchandise '손상된 제품' 덩어리 표현을 암기해 두자.

정답 (A)

═ 수평배열 독해

The thunderstorm 그 천둥 폭풍 (어떤?) **that hit the western provinces** 서쪽 지방들을 강타한 천둥 폭풍은 **caused extensive damage** 광범위한 피해를 야기했다 **and an electrical power outage** 그리고 전기 정전을 **that lasted** 그것은 지속되었다 **nearly two days** 거의 2일 동안.

∥ 수직배열 독해

The thunderstorm that hit the western provinces	서쪽 지역을 강타한 천둥 폭풍은
caused extensive damage	광범위한 피해를 야기했다
and an electrical power outage	그리고 전기 정전을
that lasted nearly two days.	그것은 거의 2일 지속 되었다

195

As a result of the new ____________ regulations, the air pollution is decreasing significantly.

(A) environmentally
(B) environmentalist
(C) environmentalism
(D) environmental

출제 포인트

명사 앞의 빈칸은 형용사 자리이다. 정답 (D)

수평배열 독해

As a result 한 결과로써 **of the new environmental regulations,** 새로운 환경적인 규정들의 **the air pollution is decreasing** 공기 오염이 감소하고 있다 **significantly** 상당히.

수직배열 독해

As a result of the new environmental regulations,	새로운 환경 규정의 결과로써
the air pollution is decreasing significantly.	공기 오염이 상당히 감소하고 있다

196

Regrettably, many tortoises were killed by sailors and fishermen for their meat, so they are in danger of ___________.

(A) withdrawal
(B) resolution
(C) decadence
(D) extinction

▣ 출제 포인트

in danger of extinction '멸종 위기에 처한' 덩어리 표현을 암기하자. 정답 (D)

〓 수평배열 독해

Regrettably, 유감스럽게도 **many tortoises were killed** 많은 거북이들이 죽었다
by sailors and fishermen 선원들과 어부들에 의해서 **for their meat,** 그들의 고기를 위해
so they are in danger of extinction 그래서 거북이들이 멸종될 위기에 있다.

∥ 수직배열 독해

Regrettably, many tortoises were killed	유감스럽게도, 많은 거북이들이 죽었다
by sailors and fishermen	선원들과 어부들에 의해서
for their meat,	그들의 고기를 위해
so they are in danger of extinction.	그래서 그것들이 멸종될 위기에 있다

197

Tomorrow's weather will be dry with no ____________ expected.

(A) participation
(B) precipitation
(C) premonition
(D) partition

▣ 출제 포인트

precipitation은 비와 눈이 내린 양을 합한 '강수량'이라는 뜻이다. 정답 (B)

☰ 수평배열 독해

Tomorrow's weather will be dry 내일의 날씨는 건조할 것이다 **with no precipitation** 어떤 강수량도 없이 **expected** 예상되는.

‖ 수직배열 독해

Tomorrow's weather will be dry	내일 날씨는 건조할 것이다
with no precipitation expected.	어떤 강수량도 예상되지 않고

198

Authorities are looking for new technologies to control pollution, but they are afraid that the ____________ may not be easy.

(A) indications
(B) solutions
(C) contributions
(D) terminations

▣ 출제 포인트

solution은 '해결책'이라는 뜻이다. 토익에서는 주로 전치사 to나 for와 함께 사용되어 출제된다. innovative solution '혁신적인 해결책' 또는 solution to '~에 대한 해결책' 등의 덩어리 표현을 암기해 두자. 정답 (B)

수평배열 독해

Authorities are looking for 권한 당국은 찾고 있다 (뭘?) **new technologies** 새로운 기술들을 **to control pollution,** 오염을 규제할 수 있는 **but they are afraid that** 하지만 그들은 걱정하고 있다 **the solutions may not be easy** 해결책들이 쉽지 않을 수도 있을까봐.

수직배열 독해

Authorities are looking for new technologies	권한 당국은 새로운 기술들을 찾고 있다
to control pollution,	오염을 규제할 수 있는
but they are afraid that	하지만 그들은 걱정한다
the solutions may not be easy.	해결책이 쉽지 않을 수도 있다

199

If you ______________ to reserve a banquet room, please contact Mr. Lee at the front desk.

(A) have liked
(B) were liked
(C) would like
(D) had liked

▣ 출제 포인트

'만약 당신이 ~하고 싶다면' If you would like to… 덩어리 표현을 암기하자. 이렇게 계속해서 토익에 출제되었던 표현들을 암기해 나가면 토익 점수가 반드시 급상승할 것이다. 정답 (C)

〓 수평배열 독해

If you would like to reserve 만약 당신이 예약하고 싶다면 (뭘?) **a banquet room,** 연회장을 **please contact Mr. Lee** 미스터리에게 연락하세요 **at the front desk** 프런트 데스크에 있는.

‖ 수직배열 독해

If you would like to	만약 당신이 하고 싶다면
reserve a banquet room,	연회장 예약하는 것을
please contact Mr. Lee	미스터리에게 연락하세요
at the front desk.	프런트 데스크에 있는

200

Our company will take into ______________ the experience and educational background of each candidate for the position.

(A) perspective
(B) vision
(C) focus
(D) account

출제 포인트

account는 명사로 '계좌, 설명, 고려'라는 뜻이다. bank account '은행 계좌'라는 뜻과 take into account는 '고려하다'라는 표현을 암기하자. account for는 동사로 '이유를 설명하다, 비율을 차지하다'라는 뜻의 덩어리 표현으로 출제된다.

정답 (D)

수평배열 독해

Our company will take into account 우리 회사는 고려할 것이다 (뭘?) **the experience and educational background** 경험과 교육적인 배경지식을 **of each candidate** 각 지원자의 **for the position** 그 직책에 대해서.

수직배열 독해

Our company will take into account	우리 회사는 고려할 것이다
the experience and educational background	경험과 학력을
of each candidate for the position.	그 직책에 대한 각 지원자의

DAY 20
Daily Checkup

step 1 영어표현을 보고 한국말 뜻을 떠올리기

191	uncertain about it	그것에 대해 불확실한
192	a chance of rain	비가 올 가능성
193	continually dump pollutants	계속해서 오염 물질들을 버리다
194	extensive damage	광범위한 피해
195	environmental regulations	환경 규정
196	in danger of extinction	멸종 위기에 처한
197	precipitation	강수량
198	innovative solution	혁신적인 해결책
199	If you would like to…	만약 당신이 …하고 싶으면
200	take into account	고려하다

step 2 한국말 뜻을 보고 영어표현을 떠올리기

191	그것에 대해 불확실한	uncertain about it
192	비가 올 가능성	a chance of rain
193	계속해서 오염 물질들을 버리다	continually dump pollutants
194	광범위한 피해	extensive damage
195	환경 규정	environmental regulations
196	멸종 위기에 처한	in danger of extinction
197	강수량	precipitation
198	혁신적인 해결책	innovative solution
199	만약 당신이 …하고 싶으면	If you would like to…
200	고려하다	take into account

DAY 21

201

Your salary will be __________ automatically into your bank account every payday.

(A) amounted
(B) deposited
(C) coined
(D) borrowed

▣ 출제 포인트

deposit은 '보증금'이란 뜻의 명사와 '입금하다'라는 뜻의 동사로 쓰인다. 반의어 withdraw '인출하다'도 함께 알아두자. 정답 (B)

수평배열 독해

Your salary will be deposited 당신의 월급은 입금될 것이다 **automatically** 자동적으로 **into your bank account** 당신의 은행 계좌로 **every payday** 매 월급날 마다.

수직배열 독해

Your salary will be deposited	당신의 월급은 입금될 것이다
automatically	자동적으로
into your bank account	당신의 은행 계좌로
every payday.	매 월급날 마다

202

According to the newspaper, the interest rate is __________ to be stabilized over the next three months.

(A) expelled
(B) exposed
(C) expected
(D) extended

▣ 출제 포인트

expect는 '예상하다, 기대하다'라는 뜻으로 목적어 뒤에 'to+동사원형'이 나오는 대표적인 5형식 동사이다. 수동태가 되더라도 be expected to do의 형태로 출제되고 있다. 자주 출제되는 표현에는 be allowed to do, be required to do, be advised to do가 있다. 정답 (C)

수평배열 독해

According to the newspaper report, 신문 보도에 따르면 **the interest rate is expected** 금리가 예상된다 **to be stabilized** 안정화 될 것으로 **over the next three months** 다음 3개월에 걸쳐서.

수직배열 독해

According to the newspaper report,	신문 보도에 따르면
the interest rate is expected to be stabilized	금리가 안정화 될 것으로 예상된다
over the next three months.	다음 3개월에 걸쳐서

203

We have recently conducted an __________ into the factory operations, and found it necessary to educate the factory workers more on safety precautions.

(A) introduction
(B) investigation
(C) exhibition
(D) exploration

출제 포인트

investigation은 '조사'라는 뜻으로 conduct an investigation '조사를 하다' under investigation '조사 중인'의 덩어리 표현으로 출제된다. 정답 (B)

수평배열 독해

We have recently conducted 우리는 최근에 수행했다 (뭘?) **an investigation** 한 조사를 **into the factory operations,** 공장 운영에 대한 **and found it necessary** 그리고 그것이 필요하다는 것을 알게 되었다 (그게 뭔데?) **to educate the factory workers more** 공장 직원들을 더 교육시키는 것이 **on safety precautions** 안전 예방조치들에 대해서.

수직배열 독해

We have recently conducted an investigation	우리는 최근에 조사했다
into the factory operations,	공장 운영에 대한
and found it necessary	그리고 필요하다는 것을 알게 되었다
to educate the factory workers more	공장 직원들을 더 교육시키는 것이
on safety precautions.	안전 예방조치에 대해서

204

We are writing to inquire about a payment that has been ________ since May 20.

(A) expensive
(B) permanent
(C) overdue
(D) insignificant

▣ 출제 포인트

overdue는 '미납의, 지불 기한이 넘은'의 뜻으로 집세, 임대료, 대출, 공과금 등의 청구요금이 연체되었을 때 쓰이는 단어이다. 정답 (C)

═ 수평배열 독해

We are writing 우리는 쓰고 있습니다 **to inquire about a payment** 돈 지불에 대해 문의하기 위해서 **that has been overdue** 지불 기한이 넘은 **since May 20** 5월 20일 이래로.

‖ 수직배열 독해

We are writing	우리는 쓰고 있다
to inquire about a payment	지불금에 대해 문의하기 위해서
that has been overdue	지불 기한이 넘은
since May 20.	5월 20일 이래로

205

According to the sales manager, our sales growth will be much stronger than ________ expected.

(A) presently
(B) previously
(C) precisely
(D) preventively

▣ 출제 포인트

previously는 '이전에'라는 뜻으로 과거동사나 과거분사를 수식하는 형태로 출제된다. than previously expected '이전에 예상했던 것 보다' 덩어리 표현을 암기해 두자. 정답 (B)

수평배열 독해

According to the sales manager, 판매 관리자에 따르면 **our sales growth** 우리의 판매 성장이 **will be much stronger** 훨씬 더 강해질 것이다 **than previously expected** 이전에 예상했던 것 보다.

수직배열 독해

According to the sales manager,	판매 관리자에 따르면
our sales growth will be much stronger	우리의 판매 성장이 훨씬 더 좋아질 것이다
than previously expected.	이전에 예상했던 것 보다

206

Recent ____________ suggest that HOP's new desktop computers are much more effective than those of other competitors.

(A) studies
(B) questions
(C) applications
(D) assignments

▣ 출제 포인트

'연구조사' study, survey, research는 indicate, suggest, show와 같은 '나타내다'를 의미하는 동사와 어울려 시험에 출제된다. 정답 (A)

☰ 수평배열 독해

Recent studies suggest that 최근의 연구조사들은 시사한다 (뭘?) **HOP's new desktop computers** HOP의 새로운 데스크탑 컴퓨터들이 **are much more effective** 훨씬 더 효율적이라고 **than those of other competitors** 다른 경쟁업체들의 것들 보다.

||| 수직배열 독해

Recent studies suggest that	최근의 연구조사들에 따르면
HOP's new desktop computers	HOP의 새로운 데스크탑 컴퓨터가
are much more effective	훨씬 더 효율적이다
than those of other competitors.	다른 경쟁업체의 것 보다

207

The board of directors will proceed with negotiations ______________ because the terms of the agreement need careful examination.

(A) caution
(B) cautious
(C) cautioning
(D) cautiously

▣ 출제 포인트

cautiously는 '조심스럽게'라는 뜻이다. 시험에는 proceed cautiously '조심스럽게 진행하다' 또는 cautiously optimistic '조심스럽게 낙관하는' 덩어리 표현으로 출제가 되었다. 정답 (D)

☰ 수평배열 독해

The board of directors will proceed 이사회는 진행할 것이다 (뭘?) **with negotiations** 협상들을 **cautiously** 조심스럽게 **because the terms of the agreement** 왜냐하면 계약의 조건들이 **need careful examination** 주의 깊은 조사를 필요하기 때문이다.

▥ 수직배열 독해

The board of directors	이사회는
will proceed with negotiations	협상을 진행할 것이다
cautiously	조심스럽게
because the terms of the agreement	왜냐하면 계약 조건들이
need careful examination.	주의 깊은 조사를 필요하기 때문이다

208

We do not disclose our customer's personal information to third parties without the written ____________.

(A) consent
(B) condition
(C) contraction
(D) convergence

▣ 출제 포인트

consent는 '동의, 허락'의 뜻으로 written consent '서면 허가'의 표현이 출제되었다. 정답 (A)

═ 수평배열 독해

We do not disclose 우리는 공개하지 않는다 (뭘?) **our customer's personal information** 우리 고객들의 개인적인 정보를 **to third parties** 제 3자에게 **without the written consent** 서면 동의 없이.

║ 수직배열 독해

We do not disclose	우리는 공개하지 않는다
our customer's personal information	고객들의 개인적인 정보를
to third parties	제3자에게
without the written consent.	서면 동의 없이

209

Applications received after the deadline will not be ____________ for LSE research scholarships.

(A) stated
(B) considered
(C) notified
(D) adjusted

▣ 출제 포인트

consider는 '고려하다'라는 뜻의 동사이다. 토익 시험에서 consider는 동명사를 목적어로 취하는 동사로 알아두어야 한다. 그리고 목적어 다음에 형용사를 고르는 문제로 출제된다. 정답 (B)

☰ 수평배열 독해

Applications 지원서들 (어떤?) **received after the deadline** 마감일 후에 받은 지원서들은 **will not be considered** 고려되지 않을 것이다 **for LSE research scholarships** LSE 연구 장학금에 대해서.

▥ 수직배열 독해

Applications received after the deadline	마감일 후에 받은 지원서들은
will not be considered	고려되지 않을 것이다
for LSE research scholarships.	LSE 연구 장학금에 대해서

210

Although the company's present database system is adequate, it will _______ need to be upgraded.

(A) extremely
(B) modestly
(C) eventually
(D) relatively

▣ 출제 포인트

eventually는 '결국, 마침내'라는 뜻의 부사이다. 정답 (C)

〓 수평배열 독해

Although the present database system 비록 현재 데이터베이스 시스템이 **is adequate,** 적절한 상태이지만 **it will eventually** 그것은 결국 **need to be upgraded** 업그레이드 될 필요가 있을 것이다.

‖ 수직배열 독해

Although the present database system is adequate,	비록 현재 데이터베이스 시스템이 적절하지만
it will eventually need to be upgraded.	그것은 결국 개선될 필요가 있을 것이다

DAY 21
Daily Checkup

step 1 영어표현을 보고 한국말 뜻을 떠올리기

201	will be deposited automatically	자동적으로 입금될 것이다
202	It is expected to …	…할 것으로 예상된다
203	conduct an investigation	조사를 하다
204	overdue payment	지불 연체
205	than previously expected	이전에 예상했던 것 보다
206	Recent studies suggest that …	최근의 연구조사에 따르면
207	proceed cautiously	조심스럽게 진행하다
208	written consent	서면 동의
209	will not be considered	고려되지 않을 것이다
210	eventually	결국

step 2 한국말 뜻을 보고 영어표현을 떠올리기

201	자동적으로 입금될 것이다	will be deposited automatically
202	… 할 것으로 예상된다	It is expected to …
203	조사를 하다	conduct an investigation
204	지불 연체	overdue payment
205	이전에 예상했던 것 보다	than previously expected
206	최근의 연구조사에 따르면	Recent studies suggest that …
207	조심스럽게 진행하다	proceed cautiously
208	서면 동의	written consent
209	고려되지 않을 것이다	will not be considered
210	결국	eventually

DAY 22

211

If you want to take a leave of absence in the ____________ future, you have to gain your supervisor's approval in advance.

(A) advisable
(B) foreseeable
(C) suitable
(D) possible

▣ 출제 포인트

foreseeable은 '예견할 수 있는'의 뜻으로 in the foreseeable future '예견할 수 있는 미래에' 즉, '가까운 장래에'라는 표현으로 출제되었다. 정답 (B)

수평배열 독해

If you want to 만약 당신이 원한다면 (뭘?) **take a leave of absence** 휴가 가는 것을 **in the foreseeable future,** 예상할 수 있는 가까운 미래에 **you have to gain** 당신은 얻어야 한다 (뭘?) **your supervisor's approval** 당신 상사의 승인을 **in advance** 미리.

수직배열 독해

If you want to take a leave of absence	만약 당신이 휴가를 가고 싶다면
in the foreseeable future,	가까운 미래에
you have to gain your supervisor's approval	당신은 상사의 승인을 받아야 한다
in advance.	미리

212

_______ 50 percent of the employees of Power Trading can speak more than one language.

(A) Nearly
(B) Justly
(C) Mostly
(D) Fluently

▣ 출제 포인트

숫자 앞에 빈칸이 있을 때 약 10개 정도의 부사가 정답이 될 수 있다. 가장 중요한 단어는 approximately, nearly, almost '대략, 거의'에 해당하는 단어가 가장 많이 출제된다. 정답 (A)

⚌ 수평배열 독해

Nearly 50 percent of the employees 거의 50퍼센트의 직원들 **of Power Trading** 파워 트레이딩의 **can speak more than one language** 한 개 언어 이상을 말할 수 있다.

||| 수직배열 독해

Nearly 50 percent of the employees	거의 50퍼센트의 직원들
of Power Trading	파워 트레이딩의
can speak more than one language.	한 언어 이상 말할 수 있다

213

The robotics industry has expanded at a ________ rate over the past

ten years.
(A) rapid
(B) rapidly
(C) rapidity
(D) rapidness

▣ 출제 포인트

'빠른, 신속한' rapid는 'rate 속도, growth 성장, increase 성장, change 변화, progress 진전' 등의 변화를 나타내는 명사와 주로 어울려 출제된다. 정답 (A)

☰ 수평배열 독해

The robotics industry has expanded 로봇 산업이 확장되고 있다 **at a rapid rate** 빠른 속도로 **over the past ten years** 지난 10년 동안에 걸쳐서.

||| 수직배열 독해

The robotics industry has expanded	로봇 산업이 확장되고 있다
at a rapid rate	빠른 속도로
over the past ten years.	지난 10년 동안에 걸쳐서

214

We guarantee that this acquisition will ensure long-term ________ and continued growth for the company.

(A) statement
(B) forecast
(C) issue
(D) stability

▣ 출제 포인트

'안정성' stability는 'long−term 장기적인' 등과 어울려 출제된다. 정답 (D)

═ 수평배열 독해

We guarantee that 저희가 보장합니다 **this acquisition will ensure** 이 인수가 확실하게 할 것입니다 (뭘?) **long-term stability** 장기간의 안정성을 **and continued growth** 그리고 계속되는 성장을 **for the company** 그 회사에 대해서.

‖ 수직배열 독해

We guarantee that	우리는 보장한다
this acquisition will ensure	인수가 확실하게 할 것이다
long-term stability and continued growth	장기간의 안정성과 계속적인 성장을
for the company.	그 회사에 대해서

215

In an effort to ____________ congestion caused by flight delays, Jeju Airport will purchase land for additional runways.

(A) deteriorate
(B) raise
(C) alleviate
(D) assist

▣ 출제 포인트

'완화시키다' alleviate는 congestion '교통체증'이나 concern '걱정' 등과 어울려 출제된다. 정답 (C)

☰ 수평배열 독해

In an effort to alleviate congestion 교통체증을 완화 시킬 노력으로 **caused by flight delays,** 비행 지연에 의해서 야기된 **Jeju Airport will purchase land** 제주 공항은 땅을 구매할 것이다 **for additional runways** 추가적인 활주로들을 위해서.

||| 수직배열 독해

In an effort to alleviate congestion	교통체증을 완화 시킬 노력으로
caused by flight delays,	비행 지연에 의해서 야기된
Jeju Airport will purchase land	제주 공항은 땅을 구매할 것이다
for additional runways.	추가적인 활주로를 위해서

216

The factory supervisor said that there was no ____________ but to shut down production until the technicians could repair the defective machine

(A) alternate
(B) alternative
(C) alternately
(D) alternating

▣ 출제 포인트

alternative는 다른 것 대신에 선택할 수 있는 '대안'이라는 뜻으로 전치사 to와 잘 어울려 출제된다. alternative는 형용사뿐만 아니라 명사도 된다는 사실이 중요하다. 정답 (B)

☰ 수평배열 독해

The factory supervisor said that 공장 감독자는 말했다 **there was no alternative** 대안이 없다고 **but to shut down production** 생산을 멈추는 걸 제외하고 **until the technicians could repair** 기술자들이 수리할 수 있을 때까지 (뭘?) **the defective machine** 그 결함 있는 기계를.

▥ 수직배열 독해

The factory supervisor said that	공장 감독자는 말했다
there was no alternative	대안이 없다
but to shut down production	생산을 멈추는 걸 제외하고
until the technicians could repair	기술자들이 수리할 수 있을 때까지
the defective machine.	결함 있는 기계를

217

Parking pass must be ____________ displayed in front of your car whenever you park.

(A) clear
(B) clearly
(C) clearance
(D) clarity

▣ 출제 포인트

clearly '명확히'는 'speak 말하다, indicate 나타내다, display 보여주다'와 같은 동사들과 어울려 출제된다. 정답 (B)

☰ 수평배열 독해

Parking pass 주차권이 **must be clearly displayed** 반드시 분명히 보여져야한다 **in front of your car** 당신의 자동차 앞에 **whenever you park** 당신이 주차할 때는 언제든지.

||| 수직배열 독해

Parking pass must be clearly displayed	주차권이 반드시 분명히 보여져야한다
in front of your car	당신의 자동차 앞에
whenever you park.	당신이 주차할 때는 언제든지

218

Please note that the airport limousine bus will only stop at ________ areas.

(A) marked
(B) observed
(C) signed
(D) designated

▣ 출제 포인트

designated는 특정한 목적을 위해서 쓰이도록 '지정된'이라는 뜻이다. spot, area, hotel 등 장소를 뜻하는 명사와 어울려 출제된다. 정답 (D)

〓 수평배열 독해

Please note that 명심하세요 (뭘?) **the airport limousine bus** 공항 리무진 버스는 **will only stop** 오직 멈출 것이라는 것을 **at designated areas** 지정된 장소에서.

||| 수직배열 독해

Please note that	명심하세요
the airport limousine bus will only stop	공항 리무진 버스는 오직 정차합니다
at designated areas.	지정된 장소에서만

219

The newsletter from Holly Life contains ______ information about new products.

(A) decided
(B) delinquent
(C) dependent
(D) detailed

출제 포인트

detailed는 '상세한'이란 뜻으로 detailed information '자세한 정보'와 in detail '자세하게' 덩어리 표현이 출제된다. 정답 (D)

수평배열 독해

The newsletter from Holly Life 홀리 라이프사의 회사 소식지는 **contains detailed information** 자세한 정보를 포함한다 **about new products** 새로운 제품들에 대한.

수직배열 독해

The newsletter from Holly Life	홀리 라이프사의 회사 소식지는
contains detailed information	자세한 정보를 포함한다
about new products.	새로운 제품들에 대한

220

The facility is ____________ with the state-of-the-art operation systems.

(A) equipped
(B) occupied
(C) constituted
(D) charged

▣ 출제 포인트

equip는 equip A with B 'A에게 B를 갖추게 하다'와 be equipped with '~이 갖추어져 있다'의 형태로 출제된다. 전치사 with와 잘 어울려 다닌다는 것을 기억하자. 정답 (A)

〓 수평배열 독해

The facility is equipped 그 시설은 갖추고 있다 **with the state-of-the-art operation systems** 최신식의 운영 시스템들을.

‖ 수직배열 독해

The facility is equipped	그 시설은 갖추고 있다
with the state-of-the-art operation systems.	최신식의 운영 시스템을

DAY 22
Daily Checkup

step 1 영어표현을 보고 한국말 뜻을 떠올리기

211	in the foreseeable future	예상할 수 있는 가까운 미래에
212	nearly 50 percent of the employees	거의 50퍼센트의 직원들
213	at a rapid rate	빠른 속도로
214	long-term stability	장기간의 안정성
215	alleviate congestion	교통체증을 완화시키다
216	There was no alternative.	대안이 없었다.
217	clearly display	분명하게 보여주다
218	designated areas	지정된 장소
219	detailed information	자세한 정보
220	equipped with the new systems	새로운 시스템이 갖추어진

step 2 한국말 뜻을 보고 영어표현을 떠올리기

211	예상할 수 있는 가까운 미래에	in the foreseeable future
212	거의 50퍼센트의 직원들	nearly 50 percent of the employees
213	빠른 속도로	at a rapid rate
214	장기간의 안정성	long-term stability
215	교통체증을 완화시키다	alleviate congestion
216	대안이 없었다.	There was no alternative.
217	분명하게 보여주다	clearly display
218	지정된 장소	designated areas
219	자세한 정보	detailed information
220	새로운 시스템이 갖추어진	equipped with the new systems

DAY 23

221

Cars left unattended in front of the convention center for more than fifteen minutes will be towed away at the owner's ____________.

(A) expense
(B) fee
(C) toil
(D) fare

▣ 출제 포인트

(A) expense 어떤 물건이나 일에 지불되는 지출 비용.
(B) fee 입장료, 수수료 등 서비스를 받고 내는 돈.
(C) toil 도로나 다리를 이용할 때 내는 통행료.
(D) fare 기차, 버스 등의 교통수단 이용 요금. 정답 (A)

수평배열 독해

Cars 자동차들 (어떤?) **left unattended** 방치된 채로 남겨진 **in front of the convention center** 컨벤션 센터 앞에 **for more than fifteen minutes** 15분 이상 동안 **will be towed away** 견인될 것이다 **at the owner's expense** 소유주의 비용으로.

수직배열 독해

Cars left unattended	방치된 채로 남겨진 자동차들
in front of the convention center	컨벤션 센터 앞에
for more than fifteen minutes	15분 이상 동안
will be towed away	견인될 것이다
at the owner's expense.	소유주의 비용으로

222

When ______________ overseas, you are advised to earn proper vehicle permission due to each different traffic law.

(A) travel
(B) traveled
(C) traveling
(D) travels

▣ 출제 포인트

접속사 다음에 주어와 동사가 나오는 것이 원칙이다. 하지만 when, before, after 다음에 '현재분사'가 나올 수 있다. 정답 (C)

☰ 수평배열 독해

When traveling overseas, 해외로 여행 갈 때 **you are advised** 당신은 충고받는다 **to earn proper vehicle permission** 적절한 차량 허가증을 얻으라고 **due to each different traffic law** 각각의 다른 교통 법규 때문에.

▥ 수직배열 독해

When traveling overseas,	해외로 여행 갈 때
you are advised	당신은 권고받는다
to earn proper vehicle permission	적절한 차량 허가증을 얻으라고
due to each different traffic law.	각각의 다른 교통 법규 때문에

223

The building does not ____________ dogs or other big pets in the premises.

(A) commit
(B) submit
(C) permit
(D) transmit

▣ 출제 포인트

permit는 동사일 경우 '허락하다'라는 뜻이고 명사일 경우에는 '허가증'이라는 뜻의 셀 수 있는 명사이다. a parking permit '주차 허가증'을 암기해 두자. 주의할 것은 셀 수 없는 명사 permission '허가'와 구별해 두어야 한다. 정답 (C)

수평배열 독해

The building does not permit 그 건물은 허용하지 않는다 (뭘?) **dogs or other big pets** 강아지들이나 다른 큰 애완동물들을 **in the premises** 건물 구내에서.

수직배열 독해

The building does not permit	그 건물은 허용하지 않는다
dogs or other big pets	강아지들이나 다른 큰 애완동물들을
in the premises.	구내에서

224

_____________ spaces in the front parking area are for customers only.

(A) Reserved
(B) Deserved
(C) Conserved
(D) Preserved

▣ 출제 포인트

reserved는 '예약된, 지정된'이라는 뜻으로 특정한 목적을 위해 미리 예약해 둘 때 쓰인다. reserved seat '예약된 좌석'이나 reserve the right '권리를 보유하다'의 덩어리 표현으로 출제된다. preserved는 '보존된'이라는 뜻으로 오염이나 파괴되는 것을 막아서 그 상태를 손상되지 않게 유지하는 것을 의미한다. 정답 (A)

수평배열 독해

Reserved spaces 예약된 공간들 (어떤?) **in the front parking area** 앞 주차지역에 있는 예약된 공간들은 **are for customers** 고객들을 위한 것입니다 **only** 오직.

수직배열 독해

Reserved spaces in the front parking area	앞 주차지역에 있는 예약된 공간들은
are for customers only.	오직 고객들을 위한 것이다

225

A recent study indicates that assembly-line workers are likely to be much less ________ during overtime shifts.

(A) attentively
(B) attention
(C) attentive
(D) attentiveness

▣ 출제 포인트

빈칸 앞 much less는 부사이므로 삭제하자. be동사 다음은 '형용사'가 정답이라는 공식에 따라 (C) attentive가 정답이다. attentive는 '주의를 기울이는, 마음을 쓰는'이라는 뜻의 형용사이다. 정답 (C)

수평배열 독해

A recent study indicates that 최근에 연구조사가 나타낸다 **assembly-line workers** 조립라인 직원들이 **are likely to be much less attentive** 훨씬 덜 주의를 기울이는 것 같다고 **during overtime shifts** 잔업 근무시간 동안에.

수직배열 독해

A recent study indicates that	최근에 연구조사에 따르면
assembly-line workers	조립라인 직원들이
are likely to be much less attentive	훨씬 덜 주의하는 것 같다
during overtime shifts.	잔업 근무시간 동안에

226

Even though some professionals are concerned about unemployment, the general ______________ seems to be that the economy will improve this year.

(A) consensus
(B) accumulation
(C) supplement
(D) alliance

▣ 출제 포인트

'일치된 의견, 여론' consensus는 reach a consensus '합의에 이르다' 또는 general consensus '전반적인 여론'과 같은 덩어리 표현으로 출제된다. 정답 (A)

수평배열 독해

Even though some professionals 비록 몇몇 전문가들이 **are concerned** 걱정함에도 불구하고 **about unemployment**, 실업에 대해서 **the general consensus seems to be that** 일반적인 여론은 다음과 같다 **the economy will improve** 경제가 향상될 것이다 **this year** 올해에.

수직배열 독해

Even though some professionals	비록 몇몇 전문가들이
are concerned about unemployment,	실업에 대해서 걱정함에도 불구하고
the general consensus seems to be that	전반적인 여론은 다음과 같다
the economy will improve this year.	경제가 올해 향상될 것이다

227

Due to time ________, the professor was not able to answer every question submitted.

(A) obstacles
(B) constraints
(C) inhibitions
(D) necessities

▣ 출제 포인트

'제한' constraint는 바라는 어떤 것이 어떤 상황 때문에 통제될 때 쓰는 단어이다. '억제' inhibition 어떤 두려움으로 인해 바라는 것을 억제할 때 쓰는 단어이다. 정답 (B)

수평배열 독해

Due to time constraints, 시간 제약 때문에 **the professor was not able to answer** 교수님은 대답할 수 없었다 (뭘?) **every question** 모든 질문을 **submitted** 제출된.

수직배열 독해

Due to time constraints,	시간 제약 때문에
the professor was not able to answer	교수님은 대답할 수 없었다
every question submitted.	제출된 모든 질문에

228

Mr. Lee has gone to New York to ____________ a speech on international environmental laws.

(A) open
(B) elect
(C) give
(D) talk

▣ 출제 포인트

기본 동사 give는 '주다'라는 뜻이다. 하지만 뒤의 목적어에 따라서 '하다'라는 의미로 쓰인다. 'give a speech 연설을 하다, give a presentation 발표를 하다, give support 지지를 하다' 등의 형태로 출제된다. 정답 (C)

☰ 수평배열 독해

Mr. Lee has gone to New York 미스터리는 뉴욕으로 갔다 **to give a speech** 연설을 하기 위해서 **on international environmental laws** 국제 환경법에 대해서.

||| 수직배열 독해

Mr. Lee has gone to New York	미스터리는 뉴욕으로 갔다
to give a speech	연설하기 위해서
on international environmental laws.	국제 환경법에 대해

229

Because this project is confidential, employees are advised to refrain from disclosing __________ information to anyone outside the company.

(A) regular
(B) retrievable
(C) respectful
(D) relevant

▣ 출제 포인트

'관련 있는' relevant는 'information 정보, document 서류'와 같은 명사와 어울려 출제된다. 정답 (D)

수평배열 독해

Because this project is confidential, 왜냐하면 이 프로젝트가 기밀이기 때문에 **employees are advised to refrain** 직원들은 자제하라고 충고받는다 **from disclosing relevant information** 관련된 정보를 공개하는 것을 **to anyone** 어떤 사람에게라도 **outside the company** 회사 외부에 있는.

수직배열 독해

Because this project is confidential,	프로젝트가 기밀이기 때문에
employees are advised to refrain	원들은 자제하라고 충고받는다
from disclosing relevant information	련된 정보를 공개하는 것을
to anyone outside the company.	회사 외부에 있는 어떤 사람에게라도

230

The staff members expressed __________ support for the motion to hold our party at the Hilton Hotel by the lake.

(A) unanimous
(B) inclusive
(C) elevated
(D) declaratory

출제 포인트

'만장일치의, 동의하는' unanimous는 'support 지지, decision 결정, approval 승인' 등의 명사와 어울려 출제된다. 정답 (A)

수평배열 독해

The staff expressed 직원들은 표현했다 (뭘?) **unanimous support** 만장일치의 지지를 **for the motion** 그 동의안에 대해서 **to hold our party** 파티를 여는 **at the Hilton Hotel** 힐튼 호텔에서 **by the lake** 호수 근처에 있는.

수직배열 독해

The staff expressed unanimous support	직원들은 만장일치의 지지를 표현했다
for the motion to hold our party	파티를 여는 동의안에 대해서
at the Hilton Hotel by the lake.	호수 근처에 있는 힐튼 호텔에서

DAY 23
Daily Checkup

step 1 영어표현을 보고 한국말 뜻을 떠올리기

221	at the owner's expense	소유주의 비용으로
222	when travelling overseas	해외로 여행 갈 때
223	permit dogs in the premises	구내에서 강아지들을 허용하다
224	reserved spaces	예약된 공간
225	much less attentive	훨씬 덜 주의를 기울이는
226	general consensus	전반적인 여론
227	time constraints	시간 제약
228	give a speech	연설을 하다
229	relevant information	관련된 정보
230	unanimous support	만장일치의 지지

step 2 한국말 뜻을 보고 영어표현을 떠올리기

221	소유주의 비용으로	at the owner's expense
222	해외로 여행 갈 때	when travelling overseas
223	구내에서 강아지들을 허용하다	permit dogs in the premises
224	예약된 공간	reserved spaces
225	훨씬 덜 주의를 기울이는	much less attentive
226	전반적인 여론	general consensus
227	시간 제약	time constraints
228	연설을 하다	give a speech
229	관련된 정보	relevant information
230	만장일치의 지지	unanimous support

DAY 24

231

We would like to thank our clients for being so ________ during the relocation of our store.

(A) understandable
(B) understanding
(C) understood
(D) understand

출제 포인트

모양은 비슷하지만 의미가 다른 '형용사'를 구분하는 문제이다. 상대방을 포용할 때 쓰는 understanding은 '이해심 있는'이라는 뜻이고, understandable은 상대방의 행동이나 기분을 '이해할 수 있는'이라는 뜻이다. 정답 (B)

수평배열 독해

We would like to thank our clients 우리는 우리의 고객들에게 감사하고 싶습니다 **for being so understanding** 매우 이해심 있는 상태가 되어주신 것에 대해 **during the relocation of our store** 우리 상점의 이전 동안에.

수직배열 독해

We would like to thank our clients	우리는 고객들에게 감사하고 싶습니다
for being so understanding	매우 이해심 있어 주셔서
during the relocation of our store.	우리 상점의 이전 동안

232

All new financial analysts had to ________ the seminar in the conference room.

(A) attend
(B) enroll
(C) go
(D) participate

▣ 출제 포인트

의미는 같지만 쓰임이 다른 자동사와 타동사를 구별하는 문제이다. '참석하다' attend는 전치사 없이 목적어가 바로 나온다. 하지만 participate는 전치사 in이 나와야 한다. '등록하다' enroll은 전치사 in이 나와야 한다. '가다' go는 전치사 to가 나와야 한다. 정답 (A)

⚌ 수평배열 독해

All new financial analysts 모든 새로운 재정 분석가들은 **had to attend the seminar** 그 세미나에 참석해야만 했다 **in the conference room** 회의실에서 있는.

‖ 수직배열 독해

All new financial analysts	모든 새로운 재정 분석가들은
had to attend the seminar	세미나에 참석해야만 했다
in the conference room.	회의실에서 있는

233

The test results showed that the new cleaning system is much more effective than ______________ systems.

(A) existing
(B) securing
(C) occurring
(D) maintaining

▣ 출제 포인트

'기존의' existing은 'equipment 장비, product 제품, facility 시설' 등의 명사를 수식하는 형용사로 출제된다. 정답 (A)

☰ 수평배열 독해

The test results showed that 그 테스트 결과들은 보여주었다 (뭘?) **the new cleaning system** 새로운 청소 시스템이 **is much more effective** 훨씬 더 효율적인 상태라는 것을 **than existing systems** 기존의 시스템들 보다.

||| 수직배열 독해

The test results showed that	테스트 결과에 따르면
the new cleaning system	새로운 청소 시스템이
is much more effective	훨씬 더 효율적이다
than existing systems.	기존의 시스템들 보다

234

All employees are requested to attend the reception ________ the new president.

(A) in honor of
(B) in the presence of
(C) in the absence of
(D) by way of

▣ 출제 포인트

'존경, 명예'라는 뜻의 honor는 in honor of '~을 기념하여, ~에게 경의를 표하여'의 덩어리 표현으로 출제된다. 정답 (A)

수평배열 독해

All employees are requested 모든 직원들은 요청받는다 **to attend the reception** 환영회에 참석하도록 **in honor of the new president** 새로운 사장님을 기념하는.

수직배열 독해

All employees are requested	모든 직원들은 요청받는다
to attend the reception	환영회에 참석하라고
in honor of the new CEO.	새로운 사장님을 기념하는

235

When you complete the customer evaluation form, please ________ your e-mail address so that we can send you a 10% discount coupon.

(A) include
(B) surround
(C) consist
(D) enroll

▣ 출제 포인트

'포함하다' include는 뒤에 바로 목적어가 나온다. 반면에 '구성되다' consist는 뒤에 전치사 of가 나와야 한다. 정답 (A)

수평배열 독해

When you complete 당신이 작성할 때 (뭘?) **the customer evaluation form,** 고객 평가 양식지를 **please include** 포함하세요 (뭘?) **your e-mail address** 당신의 이메일 주소를 **so that we can send** 그렇게 하면 우리는 보낼 수 있습니다 (뭘?) **you a 10% discount coupon** 당신에게 10퍼센트의 할인 쿠폰을.

수직배열 독해

When you complete	당신이 작성할 때
the customer evaluation form,	고객 평가 양식지를
please include your e-mail address	이메일 주소를 포함하세요
so that we can send	우리가 보낼 수 있기 위해서
you a 10% discount coupon.	귀하에게 10퍼센트의 할인 쿠폰을

236

The ____________ of this program is to help employees comply with the new safety regulations.

(A) object
(B) objective
(C) objection
(D) objectivity

▣ 출제 포인트

(A) object 물건, 반대하다 (B) objective 객관적인, 목적 (C) objection 반대 (D) objectivity 객관성. 모양은 비슷하지만 품사와 뜻이 다른 단어들을 구분하는 문제이다. 동사가 'is to+동사원형'의 형태로 나왔을 때 '목적'을 의미하는 purpose, aim, goal, objective가 있으면 정답이다. 정답 (B)

〓 수평배열 독해

The objective of this program 이 프로그램의 목적은 **is to help employees** 직원들을 돕는 것이다 **comply with the new safety regulations** 새로운 안전 규정들을 지킬 수 있도록.

‖ 수직배열 독해

The objective of this program	이 프로그램의 목적은
is to help employees	직원들을 돕는 것이다
comply with the new safety regulations.	새로운 안전 규정을 준수하도록

237

All conference ______________ are required to arrive at the training facility promptly at 10:00 A. M.

(A) participants
(B) occupants
(C) tenants
(D) characters

▣ 출제 포인트

(A) participant 참가자, (B) occupant 입주자, (C) tenant 세입자, (D) character 등장인물. 위의 문제는 사람 명사의 의미를 구별하는 문제이다. **정답 (A)**

☰ 수평배열 독해

All conference participants 모든 회의 참석자들은 **are required to arrive** 도착하도록 요구받는다 **at the training facility** 연수 시설에 **promptly at 10:00 A.M.** 정각 오전 10시에.

||| 수직배열 독해

All conference participants	모든 회의 참석자들은
are required to arrive	도착하라고 요구받는다
at the training facility	연수 시설에
promptly at 10:00 A.M.	정각 오전 10시에

238

To receive ____________ for travel expenses, employees should submit all of the receipts to the accounting department by Friday.

(A) standards
(B) investment
(C) reimbursement
(D) foundation

▣ 출제 포인트

reimburse는 'pay money back'의 의미로 '경비로 사용한 돈을 돌려주다'라는 뜻이다. 명사 reimbursement는 전치사 for가 나와서 '~에 대한 상환'으로 출제된다. 정답 (C)

〓 수평배열 독해

To receive reimbursement 환급을 받기 위해서 **for travel expenses,** 여행 경비들에 대해 **employees should submit** 직원들은 제출해야 한다 (뭘?) **all of the receipts** 모든 영수증들을 **to the accounting department** 회계 부서로 **by Friday** 금요일까지.

||| 수직배열 독해

To receive reimbursement	환급을 받기 위해서
for travel expenses,	여행 경비에 대해
employees should submit	직원들은 제출해야 한다
all of the receipts	모든 영수증들을
to the accounting department	회계 부서로
by Friday.	금요일까지

239

Regrettably, the management cannot accept ____________ for belongings left behind in rooms

(A) responsiveness
(B) responsive
(C) responsible
(D) responsibility

▣ 출제 포인트

'책임' responsibility는 take, accept, assume과 같은 동사와 어울려 '~에 대한 책임을 지다'라는 표현으로 출제된다. 정답 (D)

〓 수평배열 독해

Regrettably, 유감스럽게도 **the management cannot accept responsibility** 경영진들은 책임을 받아들이지 않습니다 **for belongings** 소지품들에 대해서 **left behind** 뒤에 남겨진 **in rooms** 방에.

‖ 수직배열 독해

Regrettably,	유감스럽게도
the management cannot accept responsibility	경영진들은 책임지지 않는다
for belongings left behind in rooms	방에 남겨진 소지품들에 대해서

240

This schedule is ______________ and may be changed by the supervisor and all changes will be announced in the lounge.

(A) tentative
(B) vigilant
(C) contemporary
(D) infinite

▣ 출제 포인트

'임시적인, 잠정적인' tentative는 'schedule 일정, agreement 합의, conclusion 결론' 등의 명사와 어울려 출제된다. 정답 (A)

═ 수평배열 독해

This schedule is tentative 이 일정은 임시적입니다 **and may be changed** 그래서 변경될 수 있습니다 **by the manager** 관리자에 의해서 **and all changes will be announced** 그리고 모든 변경사항들이 공지될 것입니다 **in the lounge** 휴게실에.

||| 수직배열 독해

This schedule is tentative	이 일정은 잠정적이다
and may be changed	그래서 변경될 수 있다
by the manager	관리자에 의해서
and all changes will be announced	그리고 모든 변경들이 공지될 것이다
in the lounge.	라운지에

DAY 24
Daily Checkup

step 1 영어표현을 보고 한국말 뜻을 떠올리기

231	for being so understanding	매우 이해심 있어 주셔서
232	attend the seminar	세미나에 참석하다
233	existing systems	기존의 시스템
234	in honor of the new president	새로운 사장님을 기념하는
235	include your e-mail address	당신의 이메일 주소를 포함하다
236	the objective of this program	이 프로그램의 목적
237	conference participants	회의 참석자들
238	receive reimbursement	환급을 받다
239	accept responsibility	책임을 지다
240	tentative schedule	임시적인 일정

step 2 한국말 뜻을 보고 영어표현을 떠올리기

231	매우 이해심 있어 주셔서	for being so understanding
232	세미나에 참석하다	attend the seminar
233	기존의 시스템	existing systems
234	새로운 사장님을 기념하는	in honor of the new president
235	당신의 이메일 주소를 포함하다	include your e-mail address
236	이 프로그램의 목적	the objective of this program
237	회의 참석자들	conference participants
238	환급을 받다	receive reimbursement
239	책임을 지다	accept responsibility
240	임시적인 일정	tentative schedule

DAY 25

241

Regional managers are eligible to receive the __________ if they reach the sales goals set by the directors.

(A) award
(B) accomplishment
(C) awareness
(D) achievement

▣ 출제 포인트

'상, 수여하다' award는 명사와 동사가 동시에 되는 단어이다. receive an award '상을 받다'와 award a prize '상을 수여하다' 표현을 알아두자. 정답 (A)

수평배열 독해

Regional managers are eligible 지역 매니저들은 자격이 있습니다 **to receive the award** 상을 받을 만한 **if they reach** 만약 그들이 도달한다면 (뭘?) **the sales goals** 판매 목표들에 **set by the directors** 이사님들에 의해서 정해진.

수직배열 독해

Regional managers are eligible	지역 관리자들은 자격이 있다
to receive the award	상을 받을 만한
if they reach the sales goals	만약 판매 목표에 도달하면
set by the directors.	이사님들에 의해서 정해진

242

The most important ________ of good business leaders is to accept responsibility for their mistakes.

(A) position
(B) characteristic
(C) regard
(D) attempt

▣ 출제 포인트

'특유의, 특징, 특성' characteristic은 형용사와 명사가 같은 형태이다. 명사도 된다는 것을 꼭 기억하자. 정답 (B)

☰ 수평배열 독해

The most important characteristic 가장 중요한 특징 **of good business leaders** 좋은 기업 리더들의 **is to accept responsibility** 책임을 받아들이는 것이다 **for their mistakes** 자신의 실수들에 대해서.

||| 수직배열 독해

The most important characteristic	가장 중요한 특징
of good business leaders	좋은 기업 리더들의
is to accept responsibility	책임을 받아들이는 것이다
for their mistakes.	그들의 실수에 대해서

243

I would like to congratulate you ___________ the successful completion of the project.

(A) on
(B) of
(C) to
(D) from

출제 포인트

congratulate A on B의 형태로 출제된다. 의미는 'A를 축하하다 B에 대해서'이다. 대부분의 전치사들이 한국말로 '~에 대해서'라고 해석될 수 있다는 것을 알아두자. 정답 (A)

수평배열 독해

I would like to congratulate you 저는 당신을 축하하고 싶습니다 **on the successful completion** 성공적인 마무리에 대해서 **of the project** 그 프로젝트의.

수직배열 독해

I would like to congratulate you	저는 당신을 축하하고 싶습니다
on the successful completion	성공적인 마무리에 대해서
of the project.	그 프로젝트의

244

At the awards banquet last week, Mr. Lee was recognized for his hard work and ____________ to the organization.

(A) occupation
(B) motitation
(C) foundation
(D) dedication

▣ 출제 포인트

'헌신' dedication은 전치사 to와 어울려 출제된다. 동의어 commitment와 devotion도 함께 암기해 두자. 정답 (D)

수평배열 독해

At the awards banquet 시상식 연회에서 **last week,** 지난주 **Mr. Lee was recognized** 미스터리는 인정받았다 **for his hard work and dedication** 그의 근면과 헌신에 대해서 **to the organization** 그 조직에 대한.

수직배열 독해

At the awards banquet last week,	지난주 시상식 연회에서
Mr. Lee was recognized	미스터리는 표창받았다
for his hard work and dedication	그의 근면과 헌신에 대해서
to the organization.	그 기관에 대한

245

As human resources manager, Mr. Lee has been particularly good at handling ____________ issues regarding employees.

(A) unintentional
(B) vacant
(C) delicate
(D) adequate

▣ 출제 포인트

'민감한' delicate은 'issue 문제, situation 상황, negotiation 협상' 등과 어울려 출제된다. 정답 (C)

☰ 수평배열 독해

As human resources manager, 인사과 관리자로서 **Mr. Lee has been particularly good** 미스터리는 특히 잘 해왔다 **at handling delicate issues** 민감한 문제들을 처리하는데 **regarding employees** 직원들에 관한.

||| 수직배열 독해

As human resources manager,	인사과 관리자로서
Mr. Lee has been particularly good	미스터리는 특히 잘 해왔다
at handling delicate issues	민감한 문제들을 처리하는데
regarding employees.	직원들에 관한

246

The seminar ended earlier than expected thanks to the active _______________ of the attendees.

(A) consolidation
(B) participation
(C) variation
(D) conclusion

출제 포인트

participation은 '참가, 참여'라는 뜻의 명사이다. participant '참가자' 사람명사도 함께 암기해 두자. 정답 (B)

수평배열 독해

The seminar ended 세미나가 끝났다 **earlier than expected** 예상했던 것보다 더 일찍 **thanks to the active participation** 적극적인 참여 덕분에 **of the attendees** 참석자들의.

수직배열 독해

The seminar ended	세미나가 끝났다
earlier than expected	예상했던 것보다 더 일찍
thanks to the active participation	적극적인 참여 덕분에
of the attendees.	참석자들의

247

In spite of high start-up costs, we decided to purchase a 'Promotion Plan Program' which will surely bring a substantial ________.

(A) reward
(B) price
(C) advice
(D) expect

▣ 출제 포인트

'보상, 보답하다' reward는 동사와 명사가 동시에 된다. reward A with B의 형태로 'A에게 B를 주다'라는 뜻으로 전치사에 주의하자. 정답 (A)

〓 수평배열 독해

In spite of high start-up costs, 높은 시작 비용에도 불구하고 **we decided to purchase** 우리는 구매하기로 결정했다 (뭘?) **a 'Promotion Plan Program'** 프로모션 플랜 프로그램을 **which will surely bring** 그것은 분명히 가져다줄 것이다 (뭘?) **a substantial reward** 상당한 보상을.

||| 수직배열 독해

In spite of high start-up costs,	높은 시작 비용에도 불구하고
we decided to purchase	우리는 구매하기로 결정했다
a 'Promotion Plan Program'	프로모션 플랜 프로그램을
which will surely bring	그것은 분명히 가져다줄 것이다
a substantial reward.	상당한 보상을

248

The stadium for the opening ceremonies is still ________ construction, and remains the committee's primary concern.

(A) into
(B) off
(C) under
(D) outside

▣ 출제 포인트

'건설, 건축' construction은 under construction '공사 중'의 덩어리 표현으로 출제된다. 정답 (C)

〓 수평배열 독해

The stadium 그 스타디움 (어떤?) **for the opening ceremonies** 개막식을 위한 스타디움이 **is still under construction**, 여전히 공사 중이다 **and remains** 그래서 남아 있다 **the committee's primary concern** 위원회의 주된 걱정으로.

‖ 수직배열 독해

The stadium for the opening ceremonies	개막식을 위한 스타디움이
is still under construction,	여전히 공사 중이다
and remains the committee's primary concern.	그래서 위원회의 주된 걱정으로 남아 있다

249

Mr. Lee is ____________ the supervisor of the Hong Kong branch office, but next month he will be transferred to the Paris office.

(A) instantly
(B) currently
(C) eagerly
(D) quickly

▣ 출제 포인트

currently는 '현재'라는 뜻으로 현재 시제와 어울려 출제된다. 또는 이용 가능 여부를 뜻하는 형용사 available 등과 어울려 출제된다. 정답 (B)

수평배열 독해

Mr. Lee is currently the supervisor 미스터리는 현재 감독자이다 **of the Hong Kong branch office,** 홍콩 지사 사무실의 **but next month** 하지만 다음 달에 **he will be transferred** 그는 전근 갈 것이다 **to the Paris office** 파리 사무실로.

수직배열 독해

Mr. Lee is currently the supervisor	미스터리는 현재 감독자이다
of the Hong Kong branch office,	홍콩 지사 사무실의
but next month he will be transferred	하지만 다음 달에 전근 갈 것이다
to the Paris office.	파리 사무실로

250

After ten years of research and development, the new nvironmentally friendly product will ________ be released next month.

(A) as long least
(B) at least
(C) finally
(D) ultimate

출제 포인트

'마침내, 결국' finally는 '~후에' After나 Following과 어울려 출제된다. 정답 (C)

수평배열 독해

After ten years of research and development, 10년의 연구와 개발 후에 **the new environmentally-friendly product** 새로운 환경친화적인 제품이 **will finally be released** 마침내 출시될 것이다 **next month** 다음 달에.

수직배열 독해

After ten years of research and development,	10년의 연구와 개발 후에
the new environmentally-friendly product	새로운 환경친화적인 제품이
will finally be released	마침내 출시될 것이다
next month.	다음 달에

DAY 25
Daily Checkup

step 1 영어표현을 보고 한국말 뜻을 떠올리기

241	receive the award	상을 받다
242	important characteristic	중요한 특징
243	congratulate you on it	그것에 대해 당신을 축하하다
244	dedication to the organization	조직에 대한 헌신
245	delicate issues	민감한 문제들
246	active participation	적극적인 참여
247	a substantial reward	상당한 보상
248	under construction	공사 중
249	currently	현재
250	will finally be released	마침내 출시될 것이다

step 2 한국말 뜻을 보고 영어표현을 떠올리기

241	상을 받다	receive the award
242	중요한 특징	important characteristic
243	그것에 대해 당신을 축하하다	congratulate you on it
244	조직에 대한 헌신	dedication to the organization
245	민감한 문제들	delicate issues
246	적극적인 참여	active participation
247	상당한 보상	a substantial reward
248	공사 중	under construction
249	현재	currently
250	마침내 출시될 것이다	will finally be released

DAY 26

251

Once the new computer system has been ____________, employee productivity is expected to increase significantly.

(A) install
(B) installed
(C) installing
(D) installation

▣ 출제 포인트

컴퓨터 시스템이 설치되는 것이기 수동태가 되어야 한다. 정답 (B)

〓 수평배열 독해

Once the new computer system 일단 새로운 컴퓨터 시스템이 **has been installed,** 설치되면 **employee productivity** 직원 생산성이 **is expected to increase** 증가할 것으로 예상된다 **significantly** 상당히.

‖ 수직배열 독해

Once the new computer system	일단 새로운 컴퓨터 시스템이
has been installed,	설치되면
employee productivity is expected	직원 생산성이 예상된다
to increase significantly.	상당히 증가할 것으로

252

Using electronic devices on the plane may interfere ______________ aircraft systems, so please turn them off.

(A) to
(B) on
(C) about
(D) with

▣ 출제 포인트

'방해하다' interfere는 전치사 with와 어울려 출제된다. 정답 (D)

〓 수평배열 독해

Using electronic devices 전자 장비들을 사용하는 것은 **on the plane** 비행기에서 **may interfere with aircraft systems,** 비행기 시스템들을 방해할 수 있습니다 **so please turn them off** 그래서 그것들을 꺼주세요.

||| 수직배열 독해

Using electronic devices	전자 장비들을 사용하는 것
on the plane	비행기에서
may interfere with aircraft systems,	비행 시스템을 방해할 수 있다
so please turn them off.	그래서 꺼주시기 바랍니다

253

Since the Eastern Bridge is __________ under construction, Route 4 is now being used as a detour.

(A) enormously
(B) definitely
(C) extremely
(D) presently

▣ 출제 포인트

presently는 '현재'라는 뜻으로 현재형 동사와 어울려 출제된다. 동의어 currently도 함께 알아두자. 정답 (D)

수평배열 독해

Since the Eastern Bridge 왜냐하면 이스턴 브리지가 **is presently under construction,** 현재 공사 중이기 때문에 **Route 4 is now being used** 4번 도로가 지금 사용 되고 있는 중입니다 **as a detour** 우회 도로로.

수직배열 독해

Since the Eastern Bridge is presently	왜냐하면 이스턴 브리지가 현재
under construction,	공사 중이기 때문에
Route 4 is now being used	4번 도로가 지금 사용되고 있다
as a detour.	우회 도로로

254

The museum will be closed for __________ during the next two weeks and will reopen at the end of May.

(A) forming
(B) renovation
(C) magnification
(D) boosting

▣ 출제 포인트

'수리, 수선' renovation은 청소, 보수, 개조 등을 통해서 뭔가 새롭게 한다는 의미이다. innovation '혁신, 쇄신'과 의미를 혼동하지 말자. 정답 (B)

☰ 수평배열 독해

The museum will be closed 박물관이 문을 닫을 것이다 **for renovation** 수리를 위해서 **during the next two weeks** 다음 2주 동안 **and will reopen** 그리고 다시 문을 열 것이다 **at the end of May** 5월 말에.

||| 수직배열 독해

The museum will be closed	박물관이 문을 닫을 것이다
for renovation	수리를 위해서
during the next two weeks	다음 2주 동안
and will reopen	다시 문을 열 것이다
at the end of May.	5월 말에

255

The Royal Theater was closed down 10 years ago and the building has remained ____________ ever since.

(A) discarded
(B) unoccupied
(C) concealed
(D) suppressed

▣ 출제 포인트

unoccupied는 건물이나 집, 좌석 등이 '비어 있는'이라는 의미이다. 동의어로 vacant가 있다. 정답 (B)

수평배열 독해

The Royal Theater was closed down 로열 극장은 문을 닫았다 **10 years ago** 10년 전에 **and the building has remained unoccupied** 그래서 그 건물이 비어 있는 상태로 남겨져 있다 **ever since** 그 이후로.

수직배열 독해

The Royal Theater was closed down	로열 극장은 문을 닫았다
10 years ago	10년 전에
and the building has remained unoccupied	그래서 건물이 비어 있는 상태이다
ever since.	그 이후로

256

In ____________ with other preventive measures, drinking a lot of water can help you stay healthy during the winter.

(A) combination
(B) condition
(C) coalition
(D) contribution

▣ 출제 포인트

'결합, 연합' combination은 '~와 결합하여' in combination with의 형태로 출제된다. 같은 의미 'in conjunction with'도 함께 암기해 두자. 정답 (A)

☰ 수평배열 독해

In combination 결합하여 (뭐와?) **with other preventive measures,** 다른 예방 조치들과 함께 **drinking a lot of water** 많은 물을 마시는 것은 **can help you** 당신에게 도움을 줄 수 있다 **stay healthy** (당신이) 건강한 상태로 머물 수 있도록 **during the winter** 겨울 동안에.

||| 수직배열 독해

In combination with other preventive measures,	다른 예방 조치들과 함께
drinking a lot of water	많은 물을 마시는 것은
can help you stay healthy	당신이 건강하도록 도움을 준다
during the winter.	겨울 동안에

257

The company is dedicated to providing ____________ information to the clients throughout the country.

(A) nutritious
(B) durable
(C) comprehensive
(D) presumptive

출제 포인트

'종합적인, 포괄적인' comprehensive는 'plan 계획, inspection 조사, information 정보' 등과 어울려 출제된다. 정답 (C)

수평배열 독해

The company is dedicated 그 회사는 헌신적이다 **to providing comprehensive information** 종합적인 정보를 제공하는데 **to the clients** 의뢰인들에게 **throughout the country** 전국에 걸쳐서 있는.

수직배열 독해

The company is dedicated	그 회사는 헌신적이다
to providing comprehensive information	종합적인 정보를 제공하는데
to the clients	의뢰인들에게
throughout the country.	전국에 걸쳐서 있는

258

Patients need to be ____________ the importance of diet and exercise in the treatment of many common diseases.

(A) conscious of
(B) spoken with
(C) examined by
(C) capable of

▣ 출제 포인트

'알고 있는, 자각하고 있는' conscious는 전치사 of와 어울려 출제된다. 어떤 사실을 알고 있거나 '인지하고 있는 상태'일 때 사용하는 동의어 aware도 함께 알아두자. 정답 (A)

〓 수평배열 독해

Patients need to be conscious 환자들은 자각할 필요가 있다 **of the importance** 중요성에 대해서 **of diet and exercise** 음식조절과 운동의 **in the treatment** 치료에 있어서 **of many common diseases** 많은 일반적인 질병들의.

||| 수직배열 독해

Patients need to be conscious	환자들은 알고 있을 필요가 있다
of the importance of diet and exercise	음식조절과 운동의 중요성에 대해서
in the treatment	치료에 있어서
of many common diseases.	많은 일반적인 질병들의

259

To make an accurate ____________, the physician must first obtain the patient's complete medical history.

(A) diagnose
(B) diagnosis
(C) diagnostic
(D) diagnostically

▣ 출제 포인트

diagnose는 '진단하다'라는 뜻의 동사이고, diagnosis는 '진단'이라는 뜻의 명사이다. make an accurate diagnosis '정확한 진단을 내리다'라는 덩어리 표현으로 출제되었다. 정답 (B)

〓 수평배열 독해

To make an accurate diagnose, 정확한 진단을 하기 위해서 **the physician must first obtain** 의사는 반드시 먼저 얻어야 한다 (뭘?) **the patient's complete medical history** 환자의 완전한 의료 기록을.

∥ 수직배열 독해

To make an accurate diagnose,	정확한 진단을 하기 위해서
the physician must first obtain	의사는 반드시 먼저 얻어야 한다
the patient's complete medical history.	환자의 완전한 의료 기록을

260

According to researchers, skin cancer is often caused by too much ___________.

to the sun.
(A) expose
(B) expenditure
(C) exposure
(D) exportation

▣ 출제 포인트

expose는 '노출시키다' 동사이고, exposure는 '노출'이라는 뜻의 명사이다. 모두 전치사 to와 어울려 쓰이는 문제가 출제된다. 정답 (C)

☰ 수평배열 독해

According to researchers, 연구조사자들에 따르면 **skin cancer is often caused** 피부암은 종종 야기 된다 **by too much exposure** 너무나 많은 노출에 의해서 **to the sun** 태양에.

‖ 수직배열 독해

According to researchers,	연구조사자들에 따르면
skin cancer is often caused	피부암은 종종 생긴다
by too much exposure to the sun.	너무 많은 태양 노출에 의해서

DAY 26
Daily Checkup

step 1 영어표현을 보고 한국말 뜻을 떠올리기

251	The new system has been installed.	새로운 시스템이 설치되었다.
252	interfere with aircraft systems	비행 시스템을 방해하다
253	presently under construction	현재 공사 중인
254	renovation	수리
255	remain unoccupied	비어 있는 상태로 남겨져 있다
256	in combination with other measures	다른 조치들과 함께
257	comprehensive information	종합적인 정보
258	conscious of the importance	중요성에 대해 자각하고 있는
259	make an accurate diagnosis	정확한 진단을 하다
260	exposure to the sun	태양에 대한 노출

step 2 한국말 뜻을 보고 영어표현을 떠올리기

251	새로운 시스템이 설치되었다.	The new system has been installed.
252	비행 시스템을 방해하다	interfere with aircraft systems
253	현재 공사 중인	presently under construction
254	수리	renovation
255	비어 있는 상태로 남겨져 있다	remain unoccupied
256	다른 조치들과 함께	in combination with other measures
257	종합적인 정보	comprehensive information
258	중요성에 대해 자각하고 있는	conscious of the importance
259	정확한 진단을 하다	make an accurate diagnosis
260	태양에 대한 노출	exposure to the sun

DAY 27

261

Those who use computers a lot at work should ______ look away to relieve eye strain.

(A) periodically
(B) indefinitely
(C) incidentally
(D) precisely

▣ 출제 포인트

'period 기간, periodic 주기적인, periodical 정기 간행물, periodically 주기적으로' 파생어들을 함께 알아두자. 정답 (A)

☰ 수평배열 독해

Those 사람들 (어떤?) **who use computers** 컴퓨터를 사용하는 **a lot** 많이 **at work** 직장에서 **should periodically look away** 주기적으로 멀리 봐야 한다 **to relieve** 완화하기 위해서 (뭘?) **eye strain** 눈의 긴장을.

Ⅲ 수직배열 독해

Those who use computers a lot at work	직장에서 컴퓨터를 많이 사용하는 사람들은
should periodically look away	주기적으로 멀리 봐야 한다
to relieve eye strain.	눈의 긴장을 완화하기 위해서

262

Doctors ____________ this headache medication to millions of people worldwide.

(A) arrange
(B) prescribe
(C) oversee
(D) select

▣ 출제 포인트

'처방하다' prescribe는 medicine이나 medication과 같이 약을 나타내는 명사와 어울려 출제된다. fill a prescription '처방전을 조제하다'라는 표현도 함께 암기해 놓자. 정답 (B)

〓 수평배열 독해

Doctors prescribe 의사들은 처방한다 (뭘?) **this headache medication** 이 두통약을 **to millions of people** 수백만 명의 사람들에게 **worldwide** 전 세계적으로.

||| 수직배열 독해

Doctors prescribe this headache medication	의사들은 이 두통약을 처방한다
to millions of people worldwide.	수백만 명의 사람들에게 전 세계적으로

263

A new law requires manufacturers to put warning labels on products with ingredients known to cause allergic ______ in certain people.

(A) operations
(B) performances
(C) reactions
(D) respondents

▣ 출제 포인트

'반응' reaction은 allergic reaction '알레르기 반응'과 reaction to '~에 대한 반응'의 덩어리 표현으로 출제된다. 정답 (C)

☰ 수평배열 독해

A new law requires manufacturers 새로운 법은 제조업체들을 요구한다 **to put warning labels** (제조업체들이) 경고 라벨을 붙이도록 **on products** 상품들에 **with ingredients** 성분들을 가지고 있는 **known to cause allergic reactions** 알레르기 반응을 야기하는 것으로 알려진 **in certain people** 특정한 사람들에게 있어서.

||| 수직배열 독해

A new law requires manufacturers	새로운 법은 제조업체에게 요구한다
to put warning labels on products	상품에 경고 라벨을 붙이도록
with ingredients	성분을 가지고 있는
known to cause allergic reactions	알레르기 반응을 일으키는 것으로 알려진
in certain people.	특정한 사람들에게

264

Black tea has been highly recommended for the ____________ of stomach cancer.

(A) prevent
(B) to prevent
(C) preventable
(D) prevention

▣ 출제 포인트

'the ____________ of'의 구조에서 빈칸은 명사 자리이다. **정답** (D)

〓 수평배열 독해

Black tea has been highly recommended 홍차는 매우 추천 받아왔다 **for the prevention** 예방을 위해서 **of stomach cancer** 위암의.

‖ 수직배열 독해

Black tea has been highly recommended	홍차는 매우 추천받는다
for the prevention of stomach cancer.	위암의 예방을 위해서

265

The successful candidates for this position should have a master's degree in marketing and a ________ of three year's experience.

(A) minimal
(B) minimum
(C) maxim
(D) mass

출제 포인트

'최소한의, 최소한도' minimum은 '최소한의' a minimum of의 형태로 출제된다.

정답 (B)

수평배열 독해

The successful candidates 성공적인 지원자들 (어떤?) **for this position** 이 일자리에 합격자들은 **should have a master's degree** 석사학위를 가지고 있어야 한다 **in marketing** 마케팅의 **and a minimum of three year's experience** 그리고 최소한 3년의 경험을.

수직배열 독해

The successful candidates for this position	이 일자리에 합격한 지원자들
should have a master's degree in marketing	마케팅 석사학위가 있어야 한다
and a minimum of three year's experience.	최소한 3년의 경험도

266

For security reasons, all employees must now register with the receptionist __________ upon arriving at the main building.

(A) suddenly
(B) abruptly
(C) immediately
(D) urgently

출제 포인트

'즉시, 곧' immediately는 before나 after와 같은 시간 표현과 어울려 출제된다.

정답 (C)

수평배열 독해

For security reasons, 안전 이유들 때문에 **all employees must now register** 모든 직원들은 반드시 지금 등록해야 한다 **with the receptionist** 접수 직원에게 **immediately upon arriving** 즉시 도착하자마자 **at the main building** 본관 건물에서.

수직배열 독해

For security reasons,	안전 이유로
all employees must now register	모든 직원들은 지금 등록해야 한다
with the receptionist	접수 직원에게
immediately upon arriving	도착하자마자 즉시
at the main building.	본관 건물에서

267

The company ______________ about casual dress code has been revised and will be posted in the lounge.

(A) preparation
(B) policy
(C) conference
(D) symbol

▣ 출제 포인트

policy는 '정책, 규정'이라는 뜻이다. 또한 '보험 증권'이라는 뜻도 가지고 있다는 것을 알아두자. 정답 (B)

〓 수평배열 독해

The company policy 회사 방침 (어떤?) **about casual dress code** 평상복 규정에 대한 회사 방침은 **has been revised** 수정 되었다 **and will be posted** 그래서 게시될 것이다 **in the lounge** 휴게실에.

‖ 수직배열 독해

The company policy about casual dress code	평상복 규정에 대한 회사 방침이
has been revised and will be posted	수정되어 공지될 것이다
in the lounge.	휴게실에

268

If any problem should occur with the order you placed, you should ______________ report to your immediate supervisor for a rapid solution.

(A) right
(B) directly
(C) sooner
(D) soon

▣ 출제 포인트

'직접, 곧바로' directly는 어떤 대상을 거치지 않고 바로 처리되는 것을 의미한다. 'report 보고하다, contact 연락하다, call 전화하다' 등의 동사와 어울려 출제된다. 정답 (B)

☰ 수평배열 독해

If any problem should occur 만약 어떤 문제가 혹시 발생한다면 **with the order** 주문품에 대해서 **you placed** 당신이 주문한, **you should directly report** 당신은 직접 보고해야 한다 **to your immediate supervisor** 당신의 직속 상관에게 **for a rapid solution** 신속한 해결을 위해서.

||| 수직배열 독해

If any problem should occur	만약 문제가 발생한다면
with the order you placed,	당신이 주문한 주문품에
you should directly report	당신은 직접 보고해야 한다
to your immediate supervisor	당신의 직속 상관에게
for a rapid solution.	신속한 해결을 위해서

269

After working as a accounting consultant for the past twenty years, Mr. Lee retired in order to concentrate ________ writing a book.

(A) in
(B) with
(C) on
(D) for

▣ 출제 포인트

'집중하다' concentrate는 전치사 on과 어울려 출제된다. 정답 (C)

수평배열 독해

After working 일한 후에 **as a accounting consultant** 회계 상담가로서 **for the past twenty years,** 지난 20년 동안 **Mr. Lee retired** 미스터리는 은퇴했다 **in order to concentrate** 집중하기 위해서 **on writing a book** 책을 쓰는 것에.

수직배열 독해

After working	일한 후에
as a accounting consultant	회계 상담가로서
for the past twenty years,	지난 20년 동안
Mr. Lee retired	미스터리는 은퇴했다
in order to concentrate	집중하기 위해서
on writing a book.	책을 쓰는 것에

270

Formal complaints regarding the services provided by the customer service department should be made ___________.

(A) on the basis
(B) out of order
(C) in writing
(D) on file

▣ 출제 포인트

'서면으로' in writing 덩어리 표현을 암기하자. 정답 (D)

═ 수평배열 독해

Formal complaints 공식적인 불평들 (어떤?) **regarding the services** 서비스들에 대한 **provided by the customer service department** 고객 서비스 부서에 의해서 제공된 불평들은 **should be made** 되어야 한다 **in writing** 서면으로.

‖ 수직배열 독해

Formal complaints regarding the services	서비스에 대한 공식적인 불평들이
provided by the customer service department	고객 서비스 부서에 의해서 제공된
should be made in writing.	서면으로 되어야 한다

DAY 27
Daily Checkup

step 1 영어표현을 보고 한국말 뜻을 떠올리기

261	periodically look away	주기적으로 멀리 보다
262	prescribe the medication	약을 처방하다
263	allergic reaction	알레르기 반응
264	the prevention of stomach cancer	위암의 예방
265	a minimum of three year's experience	최소한 3년의 경험
266	immediately upon arriving	도착하자마자 즉시
267	company policy	회사 방침
268	directly report	직접 보고하다
269	concentrate on writing a book	책을 쓰는 것에 집중하다
270	in writing	서면으로

step 2 한국말 뜻을 보고 영어표현을 떠올리기

261	주기적으로 멀리 보다	periodically look away
262	약을 처방하다	prescribe the medication
263	알레르기 반응	allergic reaction
264	위암의 예방	the prevention of stomach cancer
265	최소한 3년의 경험	a minimum of three year's experience
266	도착하자마자 즉시	immediately upon arriving
267	회사 방침	company policy
268	직접 보고하다	directly report
269	책을 쓰는 것에 집중하다	concentrate on writing a book
270	서면으로	in writing

DAY 28

271

Only if our safety rules are strictly ____________, injuries and illnesses can be reduced significantly.

(A) taken
(B) followed
(C) adjusted
(C) establishing

▣ 출제 포인트

'따르다' follow는 누군가의 뒤를 따라가는 경우와 rule, instruction, regulation, direction 등 '규정이나 지시사항을 따르다'라는 의미로 출제된다. 정답 (B)

☰ 수평배열 독해

Only if our safety rules 오직 우리의 안전 규칙들이 **are strictly followed,** 엄격하게 따라질 때만 **injuries and illnesses can be reduced** 부상과 질병이 줄 수 있다 **significantly** 상당히.

||| 수직배열 독해

Only if our safety rules	오직 안전 규칙들이
are strictly followed,	엄격히 지켜질 때만
injuries and illnesses can be reduced	부상과 질병이 감소할 수 있다
significantly.	상당히

272

The ______________ for computer engineering employees is predicted to rise by almost 20 percent in the next five years.

(A) technology
(B) demand
(C) elevation
(D) election

▣ 출제 포인트

'수요, 요구하다' demand는 전치사 for와 어울려 출제된다. 정답 (B)

☰ 수평배열 독해

The demand 그 수요 (어떤?) **for computer engineering employees** 컴퓨터 기술 직원들에 대한 수요가 **is predicted to rise** 오를 것으로 예상된다 **by almost 20 percent** 거의 20퍼센트까지 **in the next five years** 다음 5년 동안에.

▥ 수직배열 독해

The demand for computer engineering employees	컴퓨터 기술 직원들에 대한 수요가
is predicted to rise	오를 것으로 예상된다
by almost 20 percent	거의 20퍼센트까지
in the next five years.	다음 5년 동안

273

Customers are requested to complete the enclosed survey so that we can better meet their ____________.

(A) needs
(B) promises
(C) sayings
(D) understanding

▣ 출제 포인트

meet는 필요나 요구를 '만족시키다'라는 뜻이다. 'needs 요구, requirements 필요조건, expectations 기대'와 같은 명사와 어울려 출제된다. 정답 (A)

☰ 수평배열 독해

Customers are requested 고객들은 요청받는다 **to complete the enclosed survey** 동봉된 설문지를 작성하도록 **so that we can better** 우리가 더 잘 할 수 있기 위해서 (뭘?) **meet their needs** 그들의 요구를 충족시키는 것을.

||| 수직배열 독해

Customers are requested	고객들은 요청받는다
to complete the enclosed survey	동봉된 설문지를 작성하도록
so that we can better	우리가 더 잘 할 수 있기 위해서
meet their needs.	그들의 요구를 충족시키는 것을

274

One of the ______________ of the annual convention is to nominate a chairperson.

(A) foundations
(B) beliefs
(C) aims
(D) reasons

▣ 출제 포인트

aim은 명사로 '목표, 목적'이라는 뜻이고 동사로 '~을 겨냥하다'라는 뜻이다. 동사 aim은 to부정사나 aimed at 형태로 출제된다. 정답 (C)

수평배열 독해

One of the aims 그 목적들 중의 하나 (어떤?) **of the annual convention** 그 연례 집회의 목적은 **is to nominate a chairperson** 의장을 임명하는 것이다.

수직배열 독해

One of the aims	그 목적들 중의 하나
of the annual convention	그 연례 집회의
is to nominate a chairperson.	의장을 임명하는 것이다

275

To broaden our sales base, we need to continue pursuing potential clients ________.

(A) aggressive
(B) aggressiveness
(C) aggression
(D) aggressively

출제 포인트

'적극적으로' 부사 aggressively는 형용사 aggressive와 품사를 구별하는 문제로 출제된다. 정답 (D)

수평배열 독해

To broaden 넓히기 위해서 (뭘?) **our sales base,** 우리의 고객 기반을 **we need to continue** 우리는 계속할 필요가 있다 (뭘?) **pursuing potential clients** 잠재 고객들을 추구하는 것을 **aggressively** 적극적으로.

수직배열 독해

To broaden our sales base,	고객 기반을 넓히기 위해서
we need to continue	우리는 계속할 필요가 있다
pursuing potential clients	잠재 고객을 찾는 것을
aggressively.	적극적으로

276

For five years, our customers have ______________ requested online access to their account information, and we have finally provided that service.

(A) repeatedly
(B) incredibly
(C) briefly
(D) exactly

▣ 출제 포인트

'되풀이하여' repeatedly는 'request 요청하다, warn 경고하다, complain 불평하다'와 같은 동사들과 어울려 출제된다. 정답 (A)

〓 수평배열 독해

For five years, 5년 동안 **our customers have repeatedly requested** 우리의 고객들은 반복적으로 요청해 왔다 (뭘?) **online access** 온라인 접근이용을 **to their account information,** 자신들의 계좌정보에 대해 **and we have finally provided** 그래서 우리는 마침내 제공했다 (뭘?) **that service** 그 서비스를.

‖ 수직배열 독해

For five years,	5년 동안
our customers have repeatedly requested	우리 고객들은 반복적으로 요청해 왔다
online access to their account information,	계좌정보에 대한 온라인 접근이용을
and we have finally provided that service.	우리는 마침내 그 서비스를 제공했다

277

As a ________ of membership, shoppers who join the McLean's Supermarket Bargain Club will receive a $10 discount coupon.

(A) cost
(B) benefit
(C) petition
(D) category

▣ 출제 포인트

benefit은 명사와 동사가 동시에 된다. 명사일 경우는 '이익, 혜택'이라는 뜻이고, 동사일 경우는 '이익을 얻다, 이익을 주다'라는 뜻이다. 특히 자동사로 쓰이는 경우 전치사 from과 어울려 출제된다. 정답 (B)

수평배열 독해

As a benefit of membership, 회원자격의 한 혜택으로써 **shoppers** 쇼핑객들 (어떤?) **who join the Bargain Club** 바겐 클럽에 가입한 쇼핑객들은 **will receive a $10 discount coupon** 10달러의 할인 쿠폰을 받을 것이다.

수직배열 독해

As a benefit of membership,	회원자격 혜택으로
shoppers who join the Bargain Club	바겐 클럽에 가입한 쇼핑객들은
will receive a $10 discount coupon.	10달러의 할인 쿠폰을 받을 것이다

278

Follow the installation directions ____________ to avoid damage to the light fixture.

(A) easily
(B) carefully
(C) softly
(D) mildly

▣ 출제 포인트

'주의 깊게, 신중히' carefully는 'review 검토하다, follow 따르다, read 읽다'와 같은 동사를 수식하는 부사로 출제된다. 정답 (B)

〓 수평배열 독해

Follow 따르세요 (뭘?) **the installation directions** 설치 지시사항들을 **carefully** 주의 깊게 **to avoid damage** 손상을 피하기 위해서 **to the light fixture** 전기 구조물에 대한.

‖ 수직배열 독해

Follow the installation directions	설치 지시사항을 따르세요
carefully	주의 깊게
to avoid damage to the light fixture.	전기 구조물의 손상을 피하기 위해

279

Repair service on all our vacuum cleaners is provided free of ________ to customers for 1 year from the date of purchase.

(A) charge
(B) fare
(C) price
(D) rate

▣ 출제 포인트

charge는 '요금, 책임'이라는 명사와 '청구하다, 외상으로 달아 놓다'라는 뜻의 동사이다. free of charge '무료로'와 in charge of '책임지고 있는' 덩어리 표현이 가장 많이 출제된다. 정답 (A)

☰ 수평배열 독해

Repair service 수리 서비스 (어떤?) **on all our vacuum cleaners** 모든 우리 진공 청소기에 대한 수리 서비스가 **is provided** 제공됩니다 **free of charge** 무료로 **to customers** 고객들에게 **for 1 year** 1년 동안 **from the date of purchase** 구매 날짜로부터.

▥ 수직배열 독해

Repair service on all our vacuum cleaners	진공청소기 수리 서비스가
is provided free of charge to customers	무료로 고객들에게 제공된다
for 1 year from the date of purchase.	구매 날짜로부터 1년 동안

280

Research staff must attend this week's workshop on laboratory policies and the use of ________ equipment.

(A) protect
(B) protects
(C) protecting
(D) protective

▣ 출제 포인트

'보호하는' protective는 'equipment 장비, clothing 의복, measures 조치' 등의 명사와 어울려 출제된다. 정답 (D)

〓 수평배열 독해

Research staff must attend 연구조사 직원들은 반드시 참석해야 한다 **this week's workshop** 이번 주의 워크숍에 **on laboratory policies** 실험실 방침들에 대한 **and the use of protective equipment** 그리고 보호 장비의 사용에 대한.

||| 수직배열 독해

Research staff must attend	연구 직원들은 참석해야 한다
this week's workshop	이번 주의 워크숍에
on laboratory policies	실험실 방침에 대한
and the use of protective equipment.	그리고 보호 장비 사용에 대한

DAY 28
Daily Checkup

step 1 영어표현을 보고 한국말 뜻을 떠올리기

271	follow the safety rules	안전 규칙을 따르다
272	demand for water	물에 대한 수요
273	meet the needs	요구를 충족시키다
274	one of the aims	그 목적들 중의 하나
275	aggressively	적극적으로, 공격적으로
276	repeatedly request	반복적으로 요청하다
277	as a benefit of membership	회원자격의 한 혜택으로써
278	carefully follow	주의 깊게 따르다
279	free of charge	무료로
280	protective equipment	보호 장비

step 2 한국말 뜻을 보고 영어표현을 떠올리기

271	안전 규칙을 따르다	follow the safety rules
272	물에 대한 수요	demand for water
273	요구를 충족시키다	meet the needs
274	그 목적들 중의 하나	one of the aims
275	적극적으로, 공격적으로	aggressively
276	반복적으로 요청하다	repeatedly request
277	회원자격의 한 혜택으로써	as a benefit of membership
278	주의 깊게 따르다	carefully follow
279	무료로	free of charge
280	보호 장비	protective equipment

DAY 29

281

Multinational companies set up production ________ in several countries where raw materials are abundant.

(A) facilitates
(B) facilities
(C) facilitation
(D) facilitator

▣ 출제 포인트

(A) facilitate 촉진 시키다 (B) facility 시설, 설비 (C) facilitation 촉진 (D) facilitator 조력자. 비슷하게 생긴 같은 어근의 의미를 물어보는 문제이다.

정답 (B)

〓 수평배열 독해

Multinational companies set up 다국적 회사들은 세운다 (뭘?) **production facilities** 생산 시설들을 **in several countries** 여러 나라들에 **where raw materials are abundant** 거기는 원자재들이 풍부하다.

‖ 수직배열 독해

Multinational companies set up production facilities	다국적 회사들은 생산 시설들을 세운다
in several countries	여러 나라에
where raw materials are abundant.	거기는 원료가 풍부하다

282

Computer technology is ____________ throughout the manufacturing process to improve product quality.

(A) assembled
(B) determined
(C) motivated
(D) utilized

▣ 출제 포인트

'이용하다, 활용하다' utilize는 'technology 기술, measures 조치, equipment 장비' 등의 명사와 어울려 출제된다. 정답 (D)

☰ 수평배열 독해

Computer technology is utilized 컴퓨터 기술이 이용된다 **throughout the manufacturing process** 제조 과정 전반에 걸쳐서 **to improve product quality** 제품 품질을 향상시키기 위해서.

||| 수직배열 독해

Computer technology is utilized	컴퓨터 기술이 이용된다
throughout the manufacturing process	제조 과정 전반에 걸쳐서
to improve product quality.	제품 품질을 개선하기 위해서

283

Due to the declining demand for fashion accessories, Fletcher Wear Inc,, recently decided to ________ its line of ladies' hats.

(A) disengage
(B) disband
(C) discontinue
(D) disallow

출제 포인트

continue는 '계속하다'라는 뜻이다. 반대말 discontinue는 생산이나 운행을 '중단하다'라는 뜻이다. discontinued item 생산을 중단한 '단종된 제품' 표현을 하나 암기해 두자. 정답 (C)

수평배열 독해

Due to the declining demand 감소하는 수요 때문에 **for fashion accessories,** 의류 장신구들에 대한 **Fletcher Wear Inc. recently decided** 플레쳐 웨어 회사는 최근에 결정했다 **to discontinue its line of ladies' hats** 여성 모자 제품을 생산 중단하기로.

수직배열 독해

Due to the declining demand	감소하는 수요 때문에
for fashion accessories,	의류 장신구들에 대한
Fletcher Wear Inc. recently decided	플레쳐 웨어 회사는 최근에 결정했다
to discontinue its line of ladies' hats.	여성 모자 제품을 생산 중단하기로

284

Mr. Lee is the most ____________ employee that we have, so we can depend on him to handle this contract.

(A) countable
(B) redundant
(C) sustained
(D) reliable

▣ 출제 포인트

reliable은 '신뢰할 수 있는'이라는 뜻이다. 덩어리 표현 reliable employee '믿을 수 있는 직원'을 암기하자. 정답 (D)

☰ 수평배열 독해

Mr. Lee is the most reliable employee 미스터리는 가장 신뢰할 수 있는 직원이다 **that we have,** 우리가 가지고 있는 **so we can depend on him** 그래서 우리는 그에게 의지할 수 있다 **to handle this contract** 이 계약을 처리하기 위해.

||| 수직배열 독해

Mr. Lee is the most reliable	미스터리는 가장 믿을 수 있는 직원이다
employee that we have,	우리가 가지고 있는
so we can depend on him	그래서 우리는 그에게 의지할 수 있다
to handle this contract.	이 계약을 처리하기 위해

285

The committee selected this particular graphic designer because his ideas were very fresh and ______________.

(A) innovative
(B) inoperative
(C) innate
(D) inordinate

▣ 출제 포인트

'혁신적인' innovative는 'solution 해결책, design 디자인, strategy 전략' 등의 명사와 어울려 출제된다. 정답 (A)

수평배열 독해

The committee selected 위원회는 선택했다 (뭘?) **this particular graphic designer** 이 특별한 그래픽 디자이너를 **because his ideas** 왜냐하면 그의 아이디어가 **were very fresh and innovative** 매우 신선하고 혁신적이었기 때문이다.

수직배열 독해

The committee selected	위원회는 선택했다
this particular graphic designer	이 특별한 그래픽 디자이너를
because his ideas	왜냐하면 그의 아이디어가
were very fresh and innovative.	매우 신선하고 혁신적이었기 때문에

286

If you are having ______________ problems with your computer monitor, please submit a request for assistance to the system support office.

(A) confident
(B) accustomed
(C) technical
(D) featured

▣ 출제 포인트

'기술적인' technical은 'problem 문제, assistance 도움, difficulty 어려움' 같은 명사와 어울려 출제된다. 정답 (C)

☰ 수평배열 독해

If you are having technical problems 만약 당신이 기술적인 문제를 가지고 있다면 **with your computer monitor,** 당신의 컴퓨터 모니터에 대해서 **please submit a request** 요청서를 제출하세요 **for assistance** 도움을 위해 **to the system support office** 시스템 지원 사무실로.

▥ 수직배열 독해

If you are having technical problems	만약 기술적인 문제가 있으면
with your computer monitor,	컴퓨터 모니터에
please submit a request	요청서를 제출하세요
for assistance	도움을 위해
to the system support office.	시스템 지원 사무실로

287

Mr. Lee will provide you with the __________ information required to register your cheese product at the food exposition in London.

(A) specific
(B) specify
(C) specifically
(D) specifier

▣ 출제 포인트

'구체적인, 명확한' specific은 어떤 대상이 구체적이고 특별하다는 의미이다. 덩어리 표현으로 specific information '구체적인 정보'와 specific instructions '구체적인 지시사항'을 암기해 두자. 정답 (A)

수평배열 독해

Mr. Lee will provide you 미스터리는 당신에게 제공할 것이다 (뭘?) **with the specific information** 구체적인 정보를 **required to register your cheese product** 당신의 치즈 제품을 등록하기위해 요구되는 **at the food exposition** 음식 박람회에 **in London** 런던에.

수직배열 독해

Mr. Lee will provide you	미스터리는 당신에게 제공할 것이다
with the specific information	구체적인 정보를
required to register your cheese product	치즈 제품을 등록하기위해 요구되는
at the food exposition in London.	런던 음식 박람회에서

288

We will provide a ________ or a refund if you are not completely satisfied with this product.

(A) replacement
(B) double
(C) repetition
(D) likeness

▣ 출제 포인트

replacement는 '교환품'이라는 뜻이다. 사람 명사로 '후임자'라는 뜻으로도 쓰인다는 것을 꼭 알아두자. 정답 (A)

☰ 수평배열 독해

We will provide 우리는 제공할 것입니다 (뭘?) **a replacement or a refund** 교체품이나 환불을 **if you are not completely satisfied** 만약 귀하가 완전히 만족하지 않는다면 **with this product** 이 제품에 대해서.

||| 수직배열 독해

We will provide a replacement or a refund	우리는 대체품이나 환불을 해줄 것입니다
if you are not completely satisfied	만약 당신이 완전히 만족하지 않는다면
with this product.	이 제품에 대해서

289

Due to inclement weather, ferry service will be suspended until ____________ notice.

(A) extra
(B) more
(C) further
(D) later

▣ 출제 포인트

until further notice '추후 통지가 있을 때까지' 덩어리 표현으로 출제된다.

정답 (C)

〓 수평배열 독해

Due to inclement weather, 궂은 날씨 때문에 **ferry service will be suspended** 여객선 서비스가 중단될 것이다 **until further notice** 추후 통보가 있을 때까지.

‖ 수직배열 독해

Due to inclement weather,	궂은 날씨 때문에
ferry service will be suspended	여객선 서비스가 중단될 것이다
until further notice.	추후 통보가 있을 때까지

290

Mr. Ramirez appreciated the __________ extended to him when he visited your headquarters last month.

(A) fondness
(B) altruism
(C) cultivation
(D) hospitality

출제 포인트

'환대, 친절' hospitality는 hospitality extended to '~에게 베푼 환대'의 형태로 출제된다. 정답 (D)

수평배열 독해

Mr. Lee appreciated the hospitality 미스터리는 환대에 감사했다 **extended to him** 그에게 베풀어진 **when he visited your headquarters** 그가 당신의 본사를 방문했을 때 **last month** 지난달에.

수직배열 독해

Mr. Lee appreciated the hospitality	미스터리는 환대에 감사했다
extended to him	그에게 베풀어진
when he visited your headquarters	그가 귀하의 본사를 방문했을 때
last month.	지난달에

DAY 29
Daily Checkup

step 1 영어표현을 보고 한국말 뜻을 떠올리기

281	production facilities	생산 시설
282	utilize computer technology	컴퓨터 기술을 이용하다
283	discontinue its line of ladies' hats	여성 모자 제품을 생산 중단하다
284	reliable employee	믿을 수 있는 직원
285	innovative idea	혁신적인 아이디어
286	technical problems	기술적인 문제
287	specific information	구체적인 정보
288	a replacement or a refund	교체품이나 환불
289	until further notice	추후 통지가 있을 때까지
290	hospitality extended to him	그에게 베풀어진 환대

step 2 한국말 뜻을 보고 영어표현을 떠올리기

281	생산 시설	production facilities
282	컴퓨터 기술을 이용하다	utilize computer technology
283	여성 모자 제품을 생산 중단하다	discontinue its line of ladies' hats
284	믿을 수 있는 직원	reliable employee
285	혁신적인 아이디어	innovative idea
286	기술적인 문제	technical problems
287	구체적인 정보	specific information
288	교체품이나 환불	a replacement or a refund
289	추후 통지가 있을 때까지	until further notice
290	그에게 베풀어진 환대	hospitality extended to him

DAY 30

291

The terms of the contract must be ______________ to ensure that they comply with business practices.

(A) reacted
(B) replied
(C) reminded
(D) reviewed

▣ 출제 포인트

'검토하다' review는 'contract 계약서, proposal 제안서, document 서류' 등의 명사와 어울려 출제된다. 정답 (D)

☰ 수평배열 독해

The terms of the contract 계약의 조건들이 **must be reviewed** 반드시 검토되어야 한다 **to ensure that** 확실하게 하기위해서 (뭘?) **they comply with business practices** 그들이 사업 관행을 준수하는지를.

||| 수직배열 독해

The terms of the contract must be reviewed	계약의 조건들이 검토되어야 한다
to ensure that	확실하게 하기 위해서
they comply with business practices.	그들이 사업 관행을 준수하는지를

292

I would be grateful if you could telephone me at your ______ in order to arrange a meeting at a mutually convenient time.

(A) availableness
(B) convenience
(C) free
(D) comfortableness

▣ 출제 포인트

at your convenience '당신이 편리할 때' 덩어리 표현을 암기하자. 정답 (B)

수평배열 독해

I would be grateful 저는 감사할 것 같습니다 **if you could telephone me** 만약 당신이 저에게 전화해 주신다면 **at your convenience** 당신이 편할 때 **in order to arrange a meeting** 미팅을 준비하기 위해서 **at a mutually convenient time** 서로 편리한 시간에.

수직배열 독해

I would be grateful	저는 감사할 것 같습니다
if you could telephone me	만약 당신이 저에게 전화해 주신다면
at your convenience	당신이 편할 때
in order to arrange a meeting	미팅을 준비하기 위해서
at a mutually convenient time.	서로 편리한 시간에

293

For international shipping charges and delivery times, consult the ________ schedule or visit our Web site.

(A) matched
(B) joined
(C) connected
(D) attached

▣ 출제 포인트

'첨부된' attached는 'schedule 스케줄, instruction 설명서, itinerary 여행 일정표'와 같은 명사와 어울려 출제된다. 정답 (D)

수평배열 독해

For international shipping charges 국제 운송비를 위해서 **and delivery times,** 그리고 배달 시간을 위해서 **consult the attached schedule** 첨부된 일정표를 참고하세요 **or visit our Web site** 또는 우리의 웹사이트를 방문하세요.

수직배열 독해

For international shipping charges	국제 운송비를 위해서
and delivery times,	그리고 배달 시간을 위해서
consult the attached schedule	첨부된 일정표를 참고하세요
or visit our Web site.	또는 우리의 웹사이트를 방문하세요

294

Some critics do not consider our firm to be __________ because we have always maintained a conservative approach to business.

(A) profuse
(B) inclined
(C) progressive
(D) entitled

▣ 출제 포인트

progress는 '진척, 진전, 진행하다'라는 뜻이다. 형용사 progressive는 '전진하는, 진보적인'이라는 뜻으로 progressive idea '진보적인 아이디어'를 암기하자.

정답 (C)

수평배열 독해

Some critics do not consider 몇몇 비평가들은 생각하지 않는다 **our firm to be progressive** 우리 회사가 진보적인 상태가 되리라고는 **because we have always maintained** 왜냐하면 우리가 항상 유지해 왔기 때문이다 **a conservative approach** 보수적인 접근방식을 **to business** 사업에.

수직배열 독해

Some critics do not consider	몇몇 비평가들은 생각하지 않는다
our firm to be progressive	우리 회사가 진보적인 상태가 되리라고는
because we have always maintained	왜냐하면 우리가 항상 유지해 왔기 때문에
a conservative approach to business.	사업에 보수적인 접근방식을

295

It is more effective to circulate agenda to the __________ in advance.

(A) attends
(B) attend
(C) attendees
(D) attendance

▣ 출제 포인트

사람명사 attendee '참석자'와 추상명사 attendance '참석'을 구별하는 문제이다.

정답 (C)

수평배열 독해

It is more effective 그것은 더 효율적이다 (그게 뭔데?) **to circulate agenda** 안건을 나눠주는 것이 **to the attendees** 참석자들에게 **in advance** 미리.

수직배열 독해

It is more effective	그것은 더 효율적이다
to circulate agenda	안건을 나눠주는 것이
to the attendees	참석자들에게
in advance.	미리

296

The Regional Development Council invites all area residents to attend its monthly guest __________ in the community auditorium.

(A) lectures
(B) books
(C) speakers
(D) houses

▣ 출제 포인트

guest lecture '초청 강연'과 guest speaker '초청 연사'를 구분하는 문제이다.

정답 (A)

☰ 수평배열 독해

The Regional Development Council invites 지역 개발 위원회는 권한다 **all area residents** 모든 지역 주민들에게 **to attend its monthly guest lectures** 월간 초청 강연들에 참석하라고 **in the community auditorium** 지역사회 강당에서 있는.

Ⅲ 수직배열 독해

The Regional Development Council	지역 개발 위원회는
invites all area residents	모든 지역 주민들에게 권한다
to attend its monthly guest lectures	월간 초청 강연들에 참석하라고
in the community auditorium.	지역사회 강당에서 있는

297

This banquet room can accommodate up to 200 guests comfortably for business ________.

(A) functions
(B) practices
(C) values
(D) aspirations

▣ 출제 포인트

business functions '사업 행사'와 business practices '사업 관행'을 구분하는 문제이다. 정답 (A)

수평배열 독해

This banquet room can accommodate 이 연회장은 수용할 수 있다 (뭘?) **up to 200 guests** 최고 200명의 손님들을 **comfortably** 편안하게 **for business functions** 사업 행사를 위해.

수직배열 독해

This banquet room can accommodate	이 연회장은 수용할 수 있다
up to 200 guests comfortably	최고 200명의 손님들을 편안하게
for business functions.	사업 행사를 위해

298

A recent study indicates that nearly 50% of consumers are ________ with the quality of service they receive in retail shops.

(A) disinterested
(B) discredited
(C) distrustful
(D) dissatisfied

▣ 출제 포인트

'불만스러운' dissatisfied는 전치사 with와 어울려 출제된다. 정답 (D)

〓 수평배열 독해

A recent study indicates that 최근의 연구조사에 따르면 **nearly 50% of consumers are dissatisfied** 거의 50%의 소비자들이 불만족 한다 **with the quality of service** 서비스의 품질에 대해서 **they receive** 그들이 받는 **in retail shops** 소매점들에서.

||| 수직배열 독해

A recent study indicates that	최근의 연구조사에 따르면
nearly 50% of consumers are dissatisfied	거의 50%의 소비자들이 불만족한다
with the quality of service they receive	그들이 받는 서비스의 품질에 대해서
in retail shops.	소매점들에서

299

Special notices ______________ any program or room changes will be posted in the lobby.

(A) concern
(B) concerns
(C) concerned
(D) concerning

▣ 출제 포인트

concern은 '염려, 걱정, 문제, 관심'이라는 뜻이다. concerned는 '걱정되는'이라는 뜻이다. concerning은 '~에 관해서'라는 뜻의 전치사이다. 정답 (D)

수평배열 독해

Special notices 특별 공지들 (어떤?) **concerning any program or room changes** 프로그램이나 방 변경에 관한 공지들이 **will be posted** 게시될 것이다 **in the lobby** 로비에.

수직배열 독해

Special notices	특별 공지들
concerning any program or room changes	프로그램이나 방 변경에 관한
will be posted	공지될 것이다
in the lobby.	로비에

300

Satisfied with its excellent service, Mr. Lee decided to ________ ABC Shipping Company for another year.

(A) hurry
(B) offer
(C) send
(D) use

▣ 출제 포인트

(A) hurry 서두르다, (B) offer 제공하다, (C) send 보내다, (D) use 사용하다. 문맥을 통해 알맞은 정답을 고르는 문제이다. 정답 (D)

수평배열 독해

Satisfied 만족된 상태에서 **with its excellent service,** 훌륭한 서비스에 대해 **Mr. Lee decided to use** 미스터리는 사용하기로 결정했다 (뭘?) **ABC Shipping Company** ABC 운송 회사를 **for another year** 또다시 일 년 동안.

수직배열 독해

Satisfied with its excellent service,	훌륭한 서비스에 대해 만족해서
Mr. Lee decided to use ABC Shipping Company	미스터리는 ABC 운송 회사를 이용하기로 결정했다
for another year.	또다시 일 년 동안

DAY 30
Daily Checkup

step 1 영어표현을 보고 한국말 뜻을 떠올리기

291	review the terms of the contract	계약의 조건들 검토하다
292	at your convenience	당신이 편할 때
293	attached schedule	첨부된 일정표
294	progressive idea	진보적인 아이디어
295	attendees	참석자들
296	guest lectures	초청 강연
297	business functions	사업 행사
298	dissatisfied with the service	서비스에 불만족 스러운
299	concerning room changes	방 변경에 관한
300	use the company	그 회사를 이용하다

step 2 한국말 뜻을 보고 영어표현을 떠올리기

291	계약의 조건들 검토하다	review the terms of the contract
292	당신이 편할 때	at your convenience
293	첨부된 일정표	attached schedule
294	진보적인 아이디어	progressive idea
295	참석자들	attendees
296	초청 강연	guest lectures
297	사업 행사	business functions
298	서비스에 불만족 스러운	dissatisfied with the service
299	방 변경에 관한	concerning room changes
300	그 회사를 이용하다	use the company

에필로그 Epilogue

토익 점수가 빨리 오르지 않는 이유는 틀린 문제에 대한 충분한 분석 없이 그냥 정답만 빨리 채점하고 넘어가기 때문이다.

* 감으로 찍어서 맞췄는지
* 시간이 부족해서 틀렸는지
* 해석이 되지 않아서 틀렸는지
* 잘못 생각해서 실수로 틀렸는지
* 문제의 의도를 잘 몰라서 틀렸는지

즉, 자신이 왜 틀렸는지 충분한 시간을 가지고 문제점을 분석 하고 이유를 찾아보는 과정이 중요한데, 그냥 단지 정답 확인만 하고 넘어가는 수준에서 공부하게 된다. 그날 많이 맞으면 기분 좋고, 많이 틀리면 그냥 기분 나쁘고 또 좌절하게 되고…. 토익 공부에도 거쳐야 하는 단계가 있다.

토익 점수를 효과적으로 빨리 점수를 올리기 위해서는 이 세 단계를 거쳐야 한다. 문제를 충분히 분석하는 중간 과정 없이 바로 정답만 확인하고 또 다른 새로운 문제만 많이 풀기 때문에 점수가 쉽게 오르지 않는다. 많은 문제를 풀어서 감각을 유지하는 것은 어느 정도 토익 점수가 나오는 고득점자들이 해야 할 방식이다.

테스트 후 바로 정답을 확인하려는 유혹을 버리자. 시간이 조금 많이 걸리고, 틀린 문제를 대할 때마다 좌절감도 많이 들 것이다. 충분한 시간을 가지고 다시 한번 문제를 풀어 보고 정답 확인과 해설을 참고하는 습관을 들이자. 이때 틀린 이유를 문제 옆에 간단히 메모를 해 두고 시간이 날 때마다 계속 반복해서 보자.

해설을 봐도 이해되지 않는 문제는 반드시 질문을 통해서 확실히 이해하고 넘어가야 한다. 그리고 틀린 문제는 한번만 보고 넘어가면 절대로 안 된다. 어떤 방식으로든 그 문제가 자신의 것이 될 때까지 주기적으로 반복해서 복습해야 한다. '반복이 중요하다.

토익 점수를 빨리 올리고 싶다면? 그럼 틀린 이유를 충분히 분석하고 질문을 통해서 막힌 부분을 하나씩 뚫어 나가자. 15년간 전문 토익강사로 활동하면서 가지고 있는 모든 노하우를 초간단 토익 시리즈와 유튜브 동영상 강의를 통해서 아낌없이 무료 공개할 예정이다. 토익 공부를 하다가 모르는 문제가 있거나 도움이 필요하다면 저자의 공식홈페이지(www.supersimpletoeic.com)로 와서 질문을 하길 바란다. 단지 토익점수 하나 때문에 원서조차 쓰지 못하는 일이 여러분들에게 일어나서는 절대 안 된다.

저자 Mr. 슈퍼 심플 토익